**Cosas y casos
del pueblo de
ADOBES**

TOMO V

Lorenzo Hernández Hernández

# Cosas y Casos

## del pueblo de

## ADOBES

### TOMO V

AACHE Ediciones
*Guadalajara 2025*

aache
ediciones

*82*

colección LETRAS MAYÚSCULAS

© Lorenzo Hernández Hernández, de los textos. 2025.

Para consulta sobre alguna palabra o expresión que aparezca en el libro, dirijase al autor a través de su email: adobesloren@hotmail.com

Producción, maquetación y edición electrónica:
**AACHE Ediciones**
C/ Malvarrosa, 2 (Las Lomas) – Telef. 949 220 438
19005 – Guadalajara
E–Mail: editorial@aache.com
Internet: www.aache.com

Impresión:
**PodiPrint**
C/ Cueva de Viera, 2
29200 – Antequera (Málaga)

*Impreso en España – Printed in Spain.*

ISBN 978–84–19813–63–3
Depósito Legal: GU–40/2025

*Si te dejan este libro*
*y tú supieras leer,*
*mejor te informes primero*
*si lo vas a terminar.*
*No vaya a ser que me entere*
*y te la vaya a armar.*

Dedicado a todos los adobanos y en especial a mis amigas, Elena y Nadia por el cariño que me han demostrado.

La Cuca siempre dormía vigilando con un ojo entreabierto y el otro cerrado. Yo, casi siempre, con los dos entornados y, en ocasiones, me dormía como un tronco.

Hacía rato que desde la calleja me intentaban convencer para que me comprometiera a ir a Zaragoza a la fiesta del Pilar. Como yo no le dijera que sí, y él entendiera que no, yo me quedé en el poyato del corral al solecito, leyendo un libro que había reservado en el bibliobús.

Hubiera dado una cabezada seguro, pero entre los avatares de la historia del libro y las sonrisas que se me saltaban, cada vez estaba más despierto. La Cuca seguía estirada al sol, todo lo larga que era.

Me levanté porque la Cuca saltó como un galgo y casi se me lleva por delante. Mi equilibrio en el poyato estuvo a punto de ir a tomar por culo.

Los constantes ladridos hicieron que me tuviera que levantar a la fuerza y que me acercara a la Callalante, donde la perra intentaba gatear para subirse al árbol. Un gato negro se había apostado en lo más alto de la copa y no paraba de cimbrearse de aquí para allá, debido tal vez más a la titiritera del miedo que al aire que soplaba.

Tres veces le insistí a la Cuca para que lo dejara, y tres veces me repitió con sendos ladridos. Lo debió entender a la primera, porque enseguida se acercó a un servidor y le repitió con un halago que ya sabía de memoria de otras cientos de veces.

La Cuca, como así se llamaba mi perra, me conocía a mí tanto o más que yo a ella, y es que pasábamos tantas horas del día juntos que ya nos echábamos en falta cuando no nos veíamos. El día que se fue, sentí el dolor de un amigo.

Eran los primeros días de septiembre, y el pueblo andaba ya medio vacío. Quedaban unos cuantos críos y unos cuantos abuelos a espera de que vinieran a buscarlos para llevárselos a la capital. Las fiestas patronales se habían acabado, ya no quedaba justificación para permanecer, y aquello parecía medio desierto. Estoy por decirte que entre perros y gatos superaban el censo de las personas. La tranquilidad casi asfixiaba, y la soledad hasta asustaba.

Yo estaba con mi Cuca al lado, en medio de la calle, mirando cómo se cimbreaba el gato encima del árbol. Él nos miraba con preocupación, y por los gestos que hacía, estaba esperando a que nos alejáramos para tirarse a tierra firme al mínimo descuido que tuviera la perra y salir volando a lugar seguro.

La perra no paraba de mirar; tenía unas ganas locas de salir corriendo detrás de lo que fuere.

La Cuca llevaba por lo menos tres semanas sin poder pasear y husmear tranquilamente por las calles del pueblo sin que nadie le pegara una pedrada o una patada en el culo. Ante la avalancha tan inusitada de gente en época de vacaciones, la perra había decidido no apartarse de la sombra de la acera de casa, por si acaso.

La Cuca estaba rabiosa por salir al campo.

Aquella tarde sabíamos los dos que no era día libre para ir a cazar la codorniz, y no teníamos muy claro qué hacer. Ella podía tomarse la tarde libre, y yo también. Y, puestos al caso, me iba a dedicar a recordar los recuerdos de mi infancia.

Masticaba por mis adentros lo traicionera que es la vida: lo mismo que te da todo, te lo quita y sin previo aviso. A aquellos amigos de mi infancia los había desgranado por toda la geografía española sin apenas llegar a dejar que se despidieran, y ahora, tras el paso de los años y cuando le viene a parecer, nos reencuentra, y encima le tenemos que dar las gracias por ello.

Yo estaba plantado en medio de la calle.

La Callalante sigue yendo **palante** hacia el Cerro por el mismo sitio donde ha ido siempre, sin gente a la que decir, como antaño, que siguieran palante. Un poco cambiada por el tomo de hormigón que se le puso para que los camionetos no se enfangaran al pasar y por una barandilla de cuatro barras de hojalata que no sirven ni para quitar el miedo. Hoy en día, consta una leyenda reivindicativa con el nombre de la calle de las Procesiones, en alusión a las antiguas tradiciones, y hasta se ha hecho un quitamiedos como Dios manda, con su reja de forja y sus machones de piedra del lugar.

Por el terraplén plantado de arboluchos, retoños del ya desaparecido olmo de la tía Basilia, ya hace muchos años que no rumían las cabras sesteando en su sombra, ni **escarfan** las gallinas en busca de unas semillas, ni hay ocasión de ir a coger aquel macho cabrío de color canela que tantas veces nos topaba, ni de ir a chupar las tetas de la cabra de la tía Marcelina.

Hoy, mi imaginación se verá forzada a recrear el antiguo lugar e incluso a inventarme una postal de aquel majestuoso olmo que ocupaba casi toda la cuesta y extendía sus copiosas ramas por encima de los tejados.

Por quedar, ya no quedan sino restos de aquel hermoso arco de piedra que servía de entrada y antesala a la casa de nobleza y sostenía el escudo de armas de la estirpe del valedor. Restos que se consiguieron derribando y aprovechando sus piedras para sacar una cincuentena de duros por el escudo y para hacer una fuente de agua corriente y un jaraíz de inutilidad pública.

Recuerdo perfectamente cómo era el escudo, el color de su piedra, su tamaño y hasta los cuarteles que llevaba. ¡Válgame Dios que sí lo conocía! En cuanto lo viera. Hay cosas que cuando se ven de niños ya no se olvidan nunca.

Por suerte, un servidor tiene algo que ver en el asunto, ya que en la actualidad soy el propietario del corral donde se halla ubicado, y si un día se reconstruye el arco, será con su escudo correspondiente para recuperar su nobleza.

Eso habrá que verlo…

Íbamos por la calle mirando como tontos. La Cuca me seguía como si fuera un perrillo.

Y mirando, mirando…

En la calzada del corral del tío Germán, y pasando totalmente desapercibido, quedan como recuerdo un par de piedras de los machones laterales que sostenían el escudo que se vendió por cuatro chavos y que, a fecha de hoy, no está localizable. Según dicen, se vendió a unos valencianos que rondaban por Rodenas. Por cierto, que se sepa, era el único escudo de armas que había en el pueblo.

Nos habíamos quedado en medio de la plazoleta, al sol de media tarde. A la vista y a la altura de las eras del Cerro, y aun así éramos incapaces de localizar alguna de aquellas **zahúrdas** donde nos escondíamos cuando jugábamos al escondite hasta bien entrada la noche.

Algunas casas y casillas todavía se conservan, pero no son sino una irrealidad del recuerdo. Las nuevas reconstrucciones reivindican la modernidad que en otras fechas se les negó. Otras, como las casas de la tía Teodora o del tío Policarpo, pasaron a mejor vida.

Aún quiero recordar a aquellas mujeres que salían en primavera a la hierba de las eras del Cerro a hacer calceta o remendar con parches las camisas y calzones, y aquellas jovenzanas en edad casamentera cómo apuraban el tiempo para poder llegar al altar con todo el ajuar completo y dispuesto.

Recuerdo como si fuera ayer aquellos cochinos que se soltaban a ratos por las eras del Cerro a que revolcaran sus miserias y les aireara el viento sus razones de ser, incluso amenizando con sus gruñidos y soplidos con el morro a ras de suelo en busca de unos cardos recién nacidos, algún insecto o lombriz apetitosa. Cerdos que se cuidaban como si fueran de la familia, y de los que dependía una buena matanza ya entrados en invierno, y a la que se tenía que invitar a familiares o vecinos para poder dominar al susodicho animal por su enorme corpulencia y peso. Nosotros, los chavales, nos conformábamos con que nos guardaran la vejiga para luego poder hacer una buena **zambomba**.

Tendría que producirme asco, incluso repugnancia, el hecho de recordar semejantes aventuras de juegos de zagal entre el **manjurge** de la mierda de los cochinos, —nada más lejos de la realidad—, uno estaba habituado a tales circunstancias, por marranas que parezcan, y como tal se convivía con ellas. En más de una ocasión, algunos de nosotros, cuando nos metíamos en las zahúrdas, teníamos que aguantar los mordiscos de los cochinos, con tal de que no te descubrieran. La abundancia de comida no les era ni habitual ni cotidiana, a salvo que fuera un buen año de gamones, de cereales o de patatas, y a salvo de abundancia, mejor tirar de la nalga del pantalón o morder un calcetín.

Me había quedado plantado en medio. Estaba callado, murmurando y gruñendo lo que pensaba.

—A veces da asco recordar ciertas cosas.

La Cuca siempre andaba olisqueando todo el entorno, y de vez en cuando soltaba un ladrido a un perro que andaba rondando el lugar. Los gatos miraban con recelo y guardaban las distancias para evitar males mayores o tener que salir volando. Un gato sin apreturas permanecía tumbado en lo alto del tejado de la casa de la tía Josefa; sabía seguro que allí no iba a subir la Cuca.

No estoy seguro de que la perra pensara lo mismo que yo, aunque sus ojillos de tristeza y de melancolía se le perdían en el vacío del silencio de la misma manera que a mí. Debíamos estar en el mismo trance; seguro que era debido al exceso de soledad. Y como dice el dicho, —aquí quedan cuatro gatos—, era mentira y gorda. De personas sí, de gatos a docenas y perros a decenas.

De pronto, nuestras miradas se cruzaron. Ella movió la cola, y yo le acerqué mi mano a su lomo.

—Pensaba yo cómo el paso del tiempo cambia las cosas.

Voló el tiempo.

Los almanaques y calendarios quedaron llenos de recuerdos.

Hay que ver lo que es la vida…

Pasan los años,

robando a sus gentes el derecho al pueblo.

Sucediendo tantas cosas…

Me quedo mirando al presente y dejo de ser niño.

Agonizaron sus casas entre suspiros de rabia.

Se aletargó el tiempo.

Y se fue un siglo entero.

Casi sesenta años de soledad.

Y amanecieron unos rayos de esperanza.

Y salieron más nubarrones.

Volvió a salir el sol.

Corría el tiempo…

Las hojas del almanaque volaban.

Y brilló el sol como nunca.

Y resolló el aire con frescura.

Pasaba el tiempo…

Y volaban hojas de esperanza.

Luego volví a pensar, a ser niño.

El Cerro seguía siendo casi el mismo. Las mismas eras, los mismos pajares y hasta las mismas piedras que nos servían de porterías cuando jugábamos al fútbol. Echaba en falta la "Tinaja", aquella piedra en forma de pila invertida que servía de apoyo para colocar la cruz, allá por el mes de mayo, cuando se salía de procesión a bendecir los campos y protegerlos de los pedriscos y de las tormentas.

Al fondo, su Camposanto permanecía más muerto que nunca, plagado de venenuchos y de cruces roídas por el paso del tiempo, no acostumbrado a los arrebatos de antaño.

(La Tinaja merece un capítulo especial. Más adelante.)

De pronto, se me escapó una carcajada. Me vinieron a la cabeza tantas cosas. Quise darme media vuelta para no recordar, pero una sonrisa se me escapó de mi cara.

La Cuca se dio cuenta de que algo estaba pasando; se me quedó mirando y movió la cabeza y el rabo. Yo era feliz como un niño. ¡Cuántas veces había corrido detrás de un balón por las eras del Cerro!

Recordaba…

—¡Vaya chupinazo! A que va…

Estaba cantado que, en cuanto la enganchara de puntera y con el aire a favor… ¡Pummmba!

Justo, al camposanto.

Todos se dieron la vuelta rápidamente, menos el dueño del balón.

—Te ha tocado.

—Ni hablar, yo no entro.

—Para eso eres el portero.

—Pues me quito.

Unos disimulaban meando, otros tirando los pantalones, y algunos ni disimulaban, ya se habían largado.

—A ver, el que lo haya tirado que entre a por él.

El portero no solo se negaba a rajatabla, sino que cogió y se cambió de equipo hacia el otro lado.

—Yo no voy a ir.

—Entonces, ¿quién va?

—Ah, no sé.

—Pues se suspende el partido.

Seguía mirando a mi alrededor.

Por un lado, había desaparecido la casa del tío Alejandrillo con su corral y todo su parapeto donde amontonaba las támaras, el arado, el **rosal** y la leña para el invierno. Al lado, no quedaba ni señal de la casa del tío Maximino y de la tía Rosa. Quedaban por desaparecer el resto de casas abandonadas y pendientes de que cayera un **tasco** de nieve y las desplome para siempre.

Apenas alargando la vista un poco, una placa de R.I.P. marcaba la tumba del horno del pueblo. Del horno popular en que se hacían turnos semanales el hornero y las mujeres para cocer el pan y las tortas de **chichorretas**, ya no olían a aceite o manteca, ni a buje o enebros que encandilaran y mantuvieran el fuego.

Todo sería igual si se rehabilitara. Todo sería nada, si el tiempo pasa y la memoria se olvida del lugar.

Yo miraba…

Menos mal que volaron las hojas del calendario.

Y menos mal que volvió la esperanza.

Y menos mal que volvió a brillar la luz en la mente de gentes nuevas con nuevos ánimos.

Yo pensaba…

Hay milagros que no se ven, pero existen.

Yo seguía pensando…

Lo bonito que debe ser poder vivir un milagro.

Yo miraba…

Hoy, la plazoleta que da al Cerro puede decirse que se ha convertido en uno de los núcleos centrales de actividades del pueblo en todas sus variantes.

Sencillamente, se hizo el milagro.

Allí se ha sabido armonizar la construcción de un local polivalente, y que se ha llamado la Estrella, y que, además de cambiar todo el barrio, se ha mimetizado con el resto de casas circundantes.

Quien lo ha visto y quien lo vio.

Su nombre, la Estrella, como así está representado en su entrada principal, no es sino la continuación de una normativa popular que impera por la mayoría de calles de nueva construcción. Es la señal de la luz y el brillo de este pequeño pueblo serrano.

La Estrella nació casi por arte de magia. Supongo que a muchos les pilló de sorpresa, como a mí. Fue visto y no visto; apenas habían rondado los comentarios por el pueblo de que se iba a hacer no sé qué, cuando ya estaba terminada. Y todo porque la avidez de cultura de los adobanos necesitaba de un local como éste para desarrollarla.

Es mentira que un servidor no lo supiera. Lo sabía de sobras, como sabía que había una subvención para tal efecto y que se tenía que hacer rápido para no perderla.

Es seguro que la tozudez de unos cuantos se vio cegada por la insistencia de otros muchos, y que, en un alarde de irrefrenable deseo, su alcalde, un tal…… (que ya sabes quién es, que yo sé lo que me hizo trabajar, y lo orgulloso que estoy de haberlo hecho), lo llevó a cabo, y es más cierto todavía que la vanidad popular de los adobanos de ser punteros en toda la Sexma de la Sierra les ha llevado a vanagloriarse de que así sea y como tal se presume.

Que, puestos a presumir, en Adobes, que se sepa, es el único pueblo donde se pueden ver las estrellas por el día.

Y puestos a vanagloriarnos…

Hacía rato que andaba una cuadrilla de forasteros dando una vuelta por el pueblo en plan de turismo. El que más y el que menos de los vecinos ya les habían indicado por dónde tenían que tirar para que vieran lo más interesante, a excepción de la Iglesia y la Estrella. Las llaves, como siempre, estaban en la oficina de Información y Turismo, o sea, el bar.

Y, como me había pasado más de una vez…

Seguro que me tocó a mí, porque a esas horas de la tarde siempre acudía por la plaza para hacer el café de costumbre.

Los turistas eran de pueblo, pero vestidos de capital. Eso era innegable; se notaba a la legua. Incluso a uno de ellos, viendo una anilla incrustada en la pared de la iglesia, se le escapó… —eso era para atar los mulos.

—¿Podríamos ver la iglesia?

—Pasen para el bar a ver si tienen la llave.

Lo de pasar al bar era una **estratagema** para que hicieran algo de gasto. Ya que van a ver el pueblo gratis, al menos que le dejen unas perras en el bar a Felis.

—Anda, déjame la llave de la iglesia que la quieren ver.

—Pero luego me la devuelves.

—Y, de paso, la de la Estrella.

—¿Y la del cementerio también?

—Esa no, cuando sea por obligación.

Se tomaron sus cafés, sus poleos y sus disfunciones, y a correr.

Un servidor hizo de Cicerone, pero a comentarios absurdos, palabras sordas. Así que me mordí la lengua y me callé.

De la visita a la Iglesia, poco que añadir y mucho que borrar. Dijeron tantas tonterías y atrocidades de lo que vieron, que al final la única y verdadera conclusión fue que era muchísimo antigua. —Mírala tú, pues como todas de alrededor, parecías a más no poder.

—Y ahora, señores, si me acompañan, les voy a enseñar la Estrella.

El sol pegaba a esas horas de la tarde en el local de la Estrella de tal manera que no podía brillar más. Era la hora ni que pintada para abrir las puertas de par en par y se viera con todo su esplendor el escenario.

Fue abrir, entrar la luz y…

—Pero, ¿quién iba a decir que en un pueblo tan pequeño hubiera un teatro tan bonito?

—Aquí caben por lo menos trescientas personas.

El cicerone de turno no dudó en intervenir.

—Eso si se juntan; últimamente, por el verano, se dan los milagros con más frecuencia que de costumbre.

—¿Y para qué lo usáis?

—En principio, para el teatro, pero si no, para cualquier cosa.

—¿Y de quién fue la idea?

18

—De todos.

Ellos desconocían que aquí lo mismo se hacía una función de teatro que una asamblea, una charla-coloquio que una merienda de hermandad, un baile de la fiesta, una comida de montería, una exposición de pintura o cualquier cosa que huela a beneficio del pueblo y para todos.

Y si por presumir fuera, casi estoy por decirte, con toda seguridad, que en todo el partido judicial de Molina no hay un local con tales características, o por lo menos que se le dé tanta utilidad como el de este pueblo.

> Si la luz viene del sol
>
> y da vida a nuestra existencia,
>
> en Adobes nació una Estrella
>
> que alimenta la cultura,
>
> alumbra la convivencia
>
> y hasta nos colma de gloria.

Seguro que has oído, has vivido o tal vez te han contado de las representaciones de teatro que se han llegado a estrenar en este diminuto pueblo de la Serranía. La iniciativa siempre es de los mismos: Pedro, Santiago y Cía, y los actores de reparto, además de los antes citados, un relleno de veraneantes o hijos del pueblo.

Como hijo de tal, me metieron en dicho fregado hace unos años, primera y última vez. Llevé tan a disgusto los ensayos y me aprendí tan mal el papel que apenas recuerdo el personaje, las intervenciones y de qué iba el tema. Eso sí, al final de la función hubo aplauso general y todos tan contentos. En realidad, los aplausos están garantizados siempre, y no faltaría más, si todos los que intervienen son actores de familia, amigos y compinches a la vez.

Yo quiero pensar que mis dotes de actor quedaron más que licenciados hace tiempo, y más ante la abundancia que desparramó mi propio padre sobre el escenario, en eso de gesticular y de hacer el mimo con suma perfección. Parece ser que el papel en cuestión era de mudo, pero, según cuentan los que lo vieron, daba a entender todo muy clarito.

Yo casi que me conformo con ser espectador, ocupar una silla y despedir con un aplauso. Es barato, reconfortable y un lujo.

Me consta, cierto parece ser y que no suene a sainete, que la compañía de teatro de este pueblo se ha convertido en vacaciones en itinerante por los pueblos de la comarca y con más que relativo éxito. Mejor que mejor, una manera más de hacer publicidad de la cultura que atesora el pueblo de Adobes.

El local de la Estrella está llamado a ser el centro sociocultural del pueblo y referencia de consulta para cualquier actividad de expresión, sea del tipo que sea.

Si por echar en falta, de modus propius, quizás algún coloquio o mesa redonda abierta a temas puntuales a cargo de gente más que capacitada dentro de los hijos del pueblo y que nos visitan en periodos de vacaciones de verano. Puede que las barreras de tendencias políticas todavía estén sin terminar de solucionar entre familias.

El saber no ocupa lugar, y en ese caso de que lo ocupara, tenemos el local de la Estrella para llenarlo.

—Y si hace falta, se amplía.

—¡Quieto, que son cuatro días! Para el carro.

Los visitantes forasteros se dieron cuenta de que allí había algo más que una simple obra. Con la sensación de ver algo especial y distinto, se encaminaron hacia el bar con un servidor. La despedida era hacerles una invitación.

Un servidor, en cierto tiempo que quedé casi a solas en el pueblo con la compañía de Félix, tenía por costumbre invitar a todo el que venía al pueblo por primera vez. La cosa funcionaba, y, aparte de llevarse una buena imagen del pueblo, la gente volvía al poco tiempo. (Aclárese que el dispendio no mermaba en demasía la cartera de un servidor).

Ya se fueron. Yo me quedé allí con la Cuca.

Luego me di media vuelta al revés. Bueno, me quedé como estaba, mirando hacia la Estrella.

No podía ser de otra manera, y así lo es. Siempre que paso por las inmediaciones de dicho lugar, me viene a la mente la fiesta de abril. La recuperada fiesta de la Virgen de la Cabeza.

No sería exacto decir que la fiesta de la Patrona se hubiera suprimido del calendario eclesiástico, pero, en cierto modo, sí que se había perdido a nivel popular. La realidad es que, con el éxodo allá por los años sesenta-setenta, quedó limitada a una triste merienda por parte de los vecinos existentes, y en algunos, ni eso.

Fue, como todo lo ocurrido en este bendito pueblo, lo que hizo que se institucionalizara y se recuperara de nuevo con más o menos similitud a la de antaño, con más aspectos lúdicos y menos religiosos, o tal vez adecuada a los tiempos que se llevaban entonces. En cualquier caso, bien vista por todos los hijos del pueblo y con infinitas ganas de que perdure por muchos años.

Tenía que ser así y no de otro modo. De siempre, este pueblo ha tenido una devoción especial por su Virgen, como lo demuestra el hecho de que se le invoque a la mínima necesidad. Eso bien lo saben tantas familias que mandaban de temporeros a Jaén a por unas peonadas para poder subsistir durante el invierno.

Aún recuerdo yo, de chaval, aquella verja de madera de acceso al altar, repleta de **estampas**, fotografías y fetiches de todas clases, reclamando su auxilio en las enfermedades, y de tantas mujeres postradas a sus pies, implorando ayuda y beneficios para sus familias y para sus cosechas.

Es seguro que la devoción a la Virgen vino de la lejana Andalucía, y más seguro todavía de Andújar, Jaén. Es cierto, seguro y demostrable que, una vez acabadas las tareas de recolección, gran parte de los vecinos del pueblo emigraban a Andalucía a recoger la aceituna. La misión no era otra que subsanar las maltrechas economías caseras.

Por aquellos entonces, las familias eran numerosas; más que contarse por números de unidades, se contaban por decenas y docenas. El saber contar hasta veinte o treinta era norma imperativa, hasta para los más analfabetos.

Puede que las familias más adineradas, o como se decía por aquí "bien aposentadas", podían permitirse el lujo de mantener toda la prole en casa, bien atendiendo la casa en el caso de las mujeres, bien en el mantenimiento del ganado y las labores del campo en el caso de los hombres. En este caso, se solía mantener una especie de patriarcado, donde el trabajo estaba bastante jerarquizado y siempre bajo la batuta del progenitor de la familia.

En segundo orden, había otras series de familias, menos pudientes, que se asociaban en cooperativas duales o triales y formaban las "juntas", tanto para realizar las tareas del campo como del pastoreo. De esta manera, rentabilizaban la producción, minimizaban los gastos y se liberaban de tener que emigrar a la recogida de la oliva. En este caso, las más perjudicadas eran las mujeres, en especial las mozas, que se veían obligadas a irse a "servir" a la ciudad.

No es que fuera un caso general. Pero la realidad es que se dio, y durante muchos siglos.

Y, puestos en aquellos lugares y teniendo en cuenta la religiosidad imperante en aquellos momentos, no había más remedio que buscarse a algún santo o Virgen a quien encomendarse. Motivos para hacerlo los tenían, y a diario.

Si estaban en Jaén, no hay duda de que la Virgen más venerada era la de la Cabeza. Las romerías celebradas en el Santuario situado en la localidad de Andújar en el mes de abril son numerosísimas y populares, y reúnen a gentes de toda la provincia.

Y seguro es, o al menos yo lo tomo como cierto según los viejos del lugar, la tradición y las memorias escritas, que llegó desde los confines andaluces hasta el vecino Alustante, y tras diversas controversias con los vecinos que se negaban a entregarla, y tras negociaciones de alcaldes y párrocos, por fin tuvo la entrega oficial en el mojón de ambos términos, en el lugar llamado desde entonces la "Cruz del Recibo".

Es sabido, o por lo menos reconocido, que ese día acudió todo el pueblo de Adobes a recibirla con todos los honores que merecía tal acontecimiento. A partir de ese momento, tuvo una capilla exclusiva en la iglesia del pueblo.

Y, como curioso que me gusta ser, aproveché uno de esos días en que las mujeres del pueblo se dedican a limpiar y acondicionar la iglesia en vísperas de alguna celebración especial, para acercarme a dicho retablo por si hubiera algún detalle que desconociera.

No es que hubiera mucho que descifrar, pero ante la imposibilidad de poder leer un texto que figuraba en su altar, tuve que hacerme con una linterna para poder sacar a la luz la siguiente leyenda:

ESTE RETABLO A DEVOCIÓN DE LOS DEVOTOS DE ADOBES
— SIENDO CURA DON LUIS DE LEÓN Y MAYORDOMO DON
BALTASAR COLÁS Y JUAN MARTÍNEZ NAVARRO — AÑO 1766
— Y LO HIZO DON JUAN FRANCO GONZÁLEZ — AÑO 1737
— Y SE TRAJO LA IMAGEN — 1647 —

Lo que demuestra que la imagen - 1647 - es casi un siglo anterior a la construcción del altar - 1737 - y que se trajo al pueblo apenas se habían terminado las obras de la iglesia - 1600 -

No cabe duda de que la veneración a la Virgen de la Cabeza venía de tiempos más remotos, y que, antes de existir la actual iglesia, debía tener un sitio donde acudieran sus fieles.

—¿Existía una antigua capilla antes?

—Eso me pregunto yo.

—¿Dónde estaba ubicada?

Razones hay, y hasta pruebas de que así fue. Es seguro.

Yo me quedo aquí, que si no luego no tendré de lo que hablar, y así sigue el suspense. Algunas pruebas tengo, y las que tendré.

Yo me preguntaba…

Lo contenta que debería verse la Virgen al ver a sus feligreses cómo regresan al pueblo cada año desde sus residencias habituales para rendirle homenaje y darle una más que merecida compañía. Eso es ahora, pero cuando regresaban los temporeros de Andalucía con las alforjas con unas latas de aceite y un año más de supervivencia, debía ser de agradecimiento total.

Una fiesta convertida, por encima de todo, en un día de hermandad y, en especial, para toda aquella gente mayor que sufrió en sus carnes la emigración dentro de sus propias fronteras y que se veían obligados a implorarla porque formaba parte de sus vidas familiares.

Tal vez ahora se esté lejos de aquellas celebraciones de décadas pasadas, donde los vecinos y familias se disputaban el privilegio de ser los madrinos-as de las fiestas, y donde se comprometían a ser los valedores de los actos y rituales religiosos según la tradición marcada desde tiempos inmemoriales.

Tal vez hoy es distinto.

Y tal vez se esté lejos de aquellos compromisos que empezaban por donar a la iglesia, o en el caso de la Virgen, alguna necesidad imperiosa, o el compromiso de asistir a las autoridades, dar de comer a la música, repartir confites a los niños y cañamones al resto de vecindario, etc., pero en el fondo sigue siendo a la misma Virgen de la Cabeza.

Y todo ello a cuenta de unas rogativas concedidas en pos de unos ruegos solicitados. Que el hecho de ser madrinas, en el caso de las mujeres, son fechas imborrables en el tiempo. Hoy, todas aquellas gentes que intercedían a su Virgen en auxilio de sus cosechas, de sus animales y de sus familias, son fervientes devotos, hijos pródigos repartidos por toda la geografía nacional.

Seguro que sí, que el folclore que se ha montado en torno a la fiesta en la actualidad no tiene nada que ver con otros tiempos, y que el reclamo para que la gente acuda se podría discutir, pero no es menos cierto que, si no hubiera sido así, no se hubiera conseguido tal éxito. A la postre, los años dirán si la idea ha sido acertada o no.

Y no es nada fácil llenar la iglesia hasta el coro en un día de fiesta que se celebra en un fin de semana como otro cualquiera, en un pueblo donde, en muchas ocasiones, el cura tiene que irse sin poder celebrar misa por falta de feligreses.

Y de igual manera, y contenta debería darse la Virgen, como justificar en torno a una mesa otros tantos hijos del pueblo venidos casi de las antípodas por un plato de guiso de patatas con carne. Nadie podría justificar tal hecho por cuatro bailes mal dados, sino fuera por una razón superior mucho más profunda y primordial, y que se lleva en el corazón y por los adentros.

Tal vez, y son razones incuestionables y sin dudas, la raíz del éxito de la fiesta de homenaje a la Virgen de la Cabeza esté en el corazón de los adobanos y en la devoción que a Ella le dedican.

Y si la Virgen se diera por contenta, pues que ¡Viva la Virgen!

Y es que, por mucho que se diga, la Virgen es la Virgen de la Cabeza.

Hubo gente que lo celebró a lo grande, grande.

Hubo muchos que acabaron perjudicados.

Hubo algunos que no supieron cómo acabaron.

—¡Vaya cómo acabó la fiesta!

Aquello parecía la banda borracha. Eran por lo menos las tres de la mañana. Ya no quedaban ni músicos ni asistentes, na de na. La Estrella se había quedado vacía, y la cuadrilla de la banda borracha se había refugiado en el bar. La razón: seguir bebiendo.

Yo venía asistiendo con religiosa puntualidad a todas las fiestas que se han celebrado desde su recuperación, y había notado que, poco a poco, iba evolucionando a mejor, respirándose cada vez mejor ambiente y con más asistencia y camaradería.

Puede que la puta casualidad, algún milagro, o tal vez la devoción a la Virgen, hizo que nos encontráramos los de siempre, y que termináramos bebidos hasta parecer una banda borracha. Lo de la banda borracha es un apelativo cariñoso que yo le apropio y que debe entenderse como una manera más de pasárselo bien y contentos.

El preámbulo ya se inició en la mesa en la que coincidimos durante la comida, entiéndase merienda-cena, por no decir por la mañana debajo del árbol de la iglesia. Y como no había manera de llegar a un acuerdo en todo el día, todo se solucionaba dándole a la lengua y bebida que te crió, y todo porque unos, más menos, decían que esta tierra era una puta mierda y que había menos vida que en un cementerio, y otros, más muchos, nos empeñamos en llevarle la contraria.

Hay veces que las palabras hieren, y, según cómo se digan, más todavía. Y fueron aquellas unas palabras dichas con tanto énfasis y con tal convencimiento que a mí se me quedaron clavadas como **asclas**.

Y hay que ver lo que llega a hacer a veces la razón, la discusión y la bebida, porque todos terminamos como buenos amigos y, además, con el compromiso de volver cada año a la fiesta.

De esta manera, que vengan discusiones a mansalva. Cada vez seremos más y nos lo pasaremos mejor.

El ambiente cada vez subía más de tono, y aquello empezaba a echar humo. Los primeros puros empezaron a encenderse con olor a manzana, plátano y naranja.

El local echaba más que humo.

Unos decían que café.

Otros que si copas.

El chismorreo en general era incontrolable.

Y de pronto aparecieron los termos y los pucheros de café, y las teteras de leche, y las infusiones, los azucarillos y el aguardiente. Cada vez se parecía más a la verbena de la paloma.

Aquello ya no había quien lo parara. Que si pasa eso pacá, que si pallá, que si paquí.

Y volaron las botellas de licor de mano en mano. Allí todo el mundo bebía, hasta el hijo del apuntador se olvidó de su libreto y se puso a hacer teatro como los demás.

—Eh tú, pasa pacá.

—Te estás pasando.

—Mira que…

Daba igual. El local ya echaba humos hasta por las ventanas; todo el mundo actuaba con nocturnidad y se aprovechaba de la oscuridad.

Yo estaba fuera y dentro.

Fuera, el silencio se horrorizaba ante semejante revuelo. La lumbre donde se había hecho la caldereta ya se **agostaba** en solitario. Unos perros acechaban por las ventanas en busca de alguna chicha no deseada.

> La Estrella, cuanto más de noche, más brillaba.
>
> La noche se cerraba,
>
> la gente hablaba y hablaba,
>
> unas palmas que piden calma,
>
> unos brazos en alto que lo reclaman.

—¡Silencio!

—¿Qué pasa?

—Que el alcalde habla.

—Ya estamos con lo de siempre.

—¡Chisstt!, que habla.

—Adobanos… en este día… bla, bla, bla… y ya está.

Y ahora va a hablar la Delegada.

—Adobanos… estoy requetecontenta de que… bla, bla, bla, y os prometo… y en cuenta se tendrá.

La salva de aplausos hizo que el humo saliera disparado por las ventanas como si lo hubieran espantado. Hasta los perros que olisqueaban alrededor salieron botados.

Y ahora…

—¡Que viva el cocinero!

—¡Viva!

—¡Que viva Adobes!

—¡Viva!

—¡Que viva la Virgen de la Cabeza!

—¡Viva!

—¡Que viva tooooo!

—Pues que viva.

Fue como si de un toque de arrebato se tratase.

El ajetreo del local se convirtió en revuelo cuando las camareras se apresuraron a recoger todo el **tentible** que se había formado en torno a la comida. Un santiamén costó resolver el asunto; cada cual puso su granito de arena, y en un tris-tras estaban todas las sillas y mesas formando el redondel para poder hacer la pista de baile.

Los puros seguían chupando como locomotoras, y los vasos de whisky empezaron a hacer su aparición. La gente permanecía de pie charlando a expensas de que la música tomara posesión del escenario. Y a todo esto, el hijo del apuntador ya no apareció en toda la noche.

La orquesta, mitad charanga, mitad rondalla, no entendía de aparejos eléctricos ni electrónicos, y, por descontado, que podía prescindir del hijo del apuntador. El solfeo lo llevaban en la memoria, y la solfa en el aire de sus pulmones y en la habilidad de sus manos.

La gente andaba más que impaciente haciendo redondel. Uno que llevaba un puro pegado a los labios y que echaba humo hasta por las orejas no tardó en gritar…

—¡Venga!, que empiece la música.

Ni tiempo les dieron a los músicos a que acabaran las copas que llevaban entre manos. El resto del personal se sumó a la petición. La gente estaba expectante e impaciente.

A la voz de "ar", cogieron dos guitarras, una bandurria, un tambor, un bombo y un acordeón. Orquesta formada.

—Que empiece la función.

—Y que toquen un pasodoble.

—Y si no, la campanera.

No podía ser de otra forma, habiendo tanta gente mayor de por medio: o pasodoble o tango.

Tres segundos tardaron en afinar los instrumentos.

Se miraron unos a otros, y el pasodoble arrancó con más fuerza que nunca y obligó a las parejas a lanzarse al ruedo a toda prisa. Hasta las mesas y sillas temblaron.

Cada pieza que pasaba, la noche se cerraba más. La puerta del local era un **trajín** de gente que salía y entraba. El callejón que daba con el Portalillo era un constante trasiego de vasos de bebida de ida y vuelta. La pared de la casa de la tía Josefa no daba abasto como uso de letrina.

El local de la Estrella echaba humo por todas partes. El baile, una vez hecho el precalentamiento, era una pura competencia de parejas en busca de quién lo hacía mejor.

La Estrella, cuanto más avanzaba la noche, más brillaba y más parecía una verbena.

Dando por hecho que las parejas más jóvenes estaban rondando por treinta y muchos, era evidente que los de la tercera edad tenían todas las de ganar, a pesar de sus disminuciones físicas, y si a esto añadimos que la rondalla era de tiempos del chachachá, pues que ni a pedir de boca. Todo lo tenían a su favor.

Dos que miraban como tontos no se lo explicaban.

—¿Cómo puede ser que bailen así?

—Chico, no hay más que verlos.

—Te digo qué, o eso es un milagro, o lo de la garrota a diario es una mentira como un castillo.

—Pues yo creo que a veces la ilusión de un viejo puede más que la edad de la persona.

—Pues hala, que viva la Virgen.

—Que siga la juerga.

—¡Viva la Virgen de la Cabeza!

—¡Viva!

La charanga, en vista de que la gente no se daba por vencida, decidió darse un respiro para coger aire.

La noche invitaba a salir a tomar el aire a la plazoleta, y hasta acercarse al bar a tomar un refrigerio. La gente mayor empezó a desgranarse por los callejones, dándose por satisfechos de la fiesta de su Patrona.

Una pareja de ancianos cruza por delante de la puerta de la iglesia y, al llegar a su altura, se paran, se persignan y le dan las gracias a su Virgen por los años vividos. Dentro, la Virgen seguía con su lamparilla vigilando por la salud del pueblo.

Luego, más de uno tuvo que estar una semana en casa aquejado de lumbalgia y demás dolores abdominales. Que los años no perdonan. Y gracias a la Virgen que aún seguía haciendo milagros, que de lo contrario, entre el atraque de carne y los pases de baile, hubiera habido alguna baja más que sonada.

Me quedé pensando…

Cuando pase el tiempo… Moví la cabeza y me di cuenta de que estaba allí presente, vivito y coleando.

Dejé de pensar. La melancolía del recuerdo me obligaba a convertirme de nuevo en niño. Estaba en medio del Portalillo con unos ojos de envidia…

—Si en aquellos tiempos hubiéramos tenido un pueblo así…

Hasta mi perra Cuca me dio la razón moviendo la cola.

—¡Ay, Cuca!, si yo te contara.

Nos pusimos a andar buscando un poco de aire fresco. Sin quererlo, fuimos a parar a la esquina del callejón del Cantón.

—Recuerdo cuando nos tirábamos por el hielo con unos escaños viejos.

La Cuca me miraba y no se lo creía.

—¿Y cuándo jugábamos a volar?

—Casi se nos llevaba el viento.

—¿Y cuando le gané ocho perras chicas a Alejandro al palmo?

La perra se debió dar por aludida (por aquello de la perra) y me ladró.

La Cuca me miraba. Yo entendía, sería porque tendrías el palmo más largo. Puede que sí, porque no fue la única vez que le gané.

Empezábamos a discutir en serio cuando asomaron unos zagales con las bicicletas por el camino, y la Cuca se enfiló por el callejón a todo pedal.

—Eh, venid pacá.

—¿Qué pasa? Nosotros no le hemos hecho nada a la perra.

—¿Vosotros sabéis jugar al palmo?

—No.

—¿Y lleváis unas pesetas?

—Sí, y más.

—Pues acercaos aquí a la pared, que veréis que pronto os enseño.

Aún no habíamos tirado tres veces…

—Será puta el chaval.

—Vuelve a tirar otra vez.

—¡Palmo otra vez!

—Pues no me ha ganado.

—Si quieres seguimos, hasta que te gane todas las perras.

—Seguir, mejor lo dejamos.

Cuando la perra oyó que estaba en juego, salió corriendo.

A la Cuca solo le faltaba hablar. Vamos, ni eso, era más inteligente que cualquier persona, y cuando se dio cuenta de que había perdido todas las perras, no tardó ni un instante en salir al trote.

Y puestos a perder…

—A todo esto, ¿sabéis jugar a los **tacos**?

—Ni zorra idea.

—Anda, búscate un taco de madera.

La Cuca, que vio al chaval con el palo en la mano, cambió el trote por el galope, desapareciendo por la esquina con el rabo entre las piernas. Motivos no debía tener, pero por si acaso, a volar.

Una vez con los tacos en la mano, nos liamos a **palitrocazo** limpio por el callejón.

La historia no era otra que intentar levantar el taco que había en el suelo dándole un golpe, y cuando estaba en el aire, darle lo más preciso y fuerte posible para avanzar los más metros posibles. El primero que llegaba a la meta prevista, ganaba. En más de una ocasión, el taco salía volando por los aires contra las puertas y ventanas de las casas, acariciando la crisma de alguna persona o incluso contra alguna bombilla del alumbrado público.

Mi lugar preferido, como el de la mayoría de los chavales, era el callejón del tío León. Casi siempre jugaba con Alejandro, y normalmente salíamos de su puerta (la de la Josefa, su madre) y teníamos que llegar hasta la entrada del Portalillo. Aquí la ventaja es que el taco no se podía torcer porque daba en las paredes.

Que, tratándose de juegos, cualquiera podía inventarse uno nuevo con tal de pasar el rato, y que, según la época del año o el momento del día, podía invitar a uno solo o varios. Los juegos clásicos, en muchas ocasiones, resultaban hasta aburridos, y el ingenio a veces era el encargado de hacerse cargo de buscar algo nuevo para matar el rato.

Nosotros seguíamos dando palitrocazos.

La Cuca nos seguía mirando desde lo lejos, por si acaso.

Quizás era el momento de irse a casa.

El Alejandro y yo llegamos a la plaza en siete u ocho golpes. Cuando llegamos al Portalillo, había otros chavales jugando al **guau**. En el lado del Cementerio, hacia la iglesia, unas chavalas jugaban a los **trucos** y a las **tabas**.

A la Cuca le vi asomar el morro por el trascacho del callejón del tío Titos. Sabía de sobras que, si se acercaba donde yo estaba, y más estando lleno de chavales, le suponía una repelea de **pedrás**, y teniendo en cuenta que la totalidad tenían el certificado del cursillo de puntería con nota de sobresaliente, es seguro que salía lapidada.

Y es que, entre los perros y los chavales, nos las teníamos de órdago a la grande. Convivíamos como si fuéramos gatos.

Recuerdo una vez que encerramos un perro dentro del Portalillo y le hicimos subir y bajar a palos las escaleras del Ayuntamiento por lo menos cincuenta veces, y porque cuando se vio mal se tiró a morder a las nalgas y le tuvimos que abrir.

Y como galgos tuvimos que salir un día que estábamos jugando al marro en las mismas escaleras. Debían andar reunidos en discusiones una cuadrilla de vecinos en la Alcaldía, y cuando se les hincharon las narices de tanto griterío, salieron a **cintazos** contra nosotros.

La discusión tenía que ser muy gorda, pues el cinto no se andaba con contemplaciones. Casi aún me están escociendo las canillas de lo fuerte que nos cascaron.

La renovada plaza de hoy en día, si algo se parece a la que nosotros conocimos en nuestros tiempos de infancia, es porque la iglesia sigue siendo tal como era y el Ayuntamiento sigue estando en el mismo lugar de siempre. Aquella sigue conservando una vejez más que lozana, y la Casa Consistorial, aun conservando el mismo edificio antiguo, está totalmente reformado y pintado. Por echar en falta, el viejo olmo, símbolo ancestral del pueblo. Y, porque no decirlo, todo aquel patio de tierra donde lo mismo se echaba un partido de fútbol, una pelea entre muchachas y muchachos o los típicos juegos de edad escolar.

¡Qué tiempos aquellos!

La costumbre popular de llamar a este lugar el Portalillo se debe a la especie de portal que formaba la entrada en la Casa Consistorial y que servía de refugio en las inclemencias del tiempo, ya fuera de frío o de calor, y a la vez servía de antesala a las escuelas, la carnicería pública, el calabozo, la casa del practicante, el juzgado y el acceso a los locales del Ayuntamiento.

Puede que, de ser un simple portal de entrada bajo techo, con el tiempo y una vez ubicado el cementerio en el sitio actual, se pasara a instalar un soportal donde ubicar las caballerías de las gentes que acudían al lugar. Aún hoy en día pueden observarse los restos de dicha construcción en la pared de la iglesia, entre el callejón que separa el edificio de la iglesia y la Casa Consistorial y el machón de contrafuerte, donde quedan las evidencias de anillas de atar los atarres y las hornacillas donde se apoyaban los timones que sujetaban el tejado del soportal.

Y si nos remontamos siglos atrás, o ni tal vez un siglo, a más de una persona le oiríamos decir o nombrar que iba o estaba en el cementerio, y en realidad estaba en la plaza del Ayuntamiento, y más concretamente en el lado de la iglesia.

Es tan cierto como verdad. Y es que este lugar, o mejor dicho esta plaza, ha servido para todo o casi para todo. Desde lugar de baile y alboroto público hasta de tierra de

Camposanto, desde ágora de discusiones y acuerdos vecinales a juergas de bodas, comuniones y bautizos.

Y digo Camposanto o Cementerio, porque la parte que correspondía a la zona más próxima a la iglesia, antiguamente era el sitio destinado a enterrar a los vecinos del pueblo hasta que, por Orden Ministerial, se vio obligado a hacer el nuevo emplazamiento a las afueras del pueblo. Por aquellos años, la entrada oficial era por el trinquete, desde donde se accedía a la iglesia, la antigua sacristía y el cementerio. El lugar sagrado llegaba hasta el callejón de separación, y hasta no hace muchos años aún se podían ver los restos de las antiguas sepulturas, sus hoyos y restos óseos diseminados por el suelo. Con la nueva pavimentación, ha quedado todo sepultado para siempre en el recuerdo.

—¿Y eso es cierto?

—Tan cierto como te lo cuento.

Yo no estuve picando cuando pusieron la tubería del agua en la fuente nueva; estuve de mirón, pero los que allí estuvieron bien que sacaron huesos y a montones. Hasta tuvieron que ponerlos en sacos y llevarlos al nuevo camposanto para depositarlos de nuevo.

Qué, como es sabido, estudiado y certificado, los Camposantos de siempre han estado al lado de las iglesias o sitios sagrados como las ermitas, y así siguen estando en muchos pueblos pequeños de la geografía española.

De hecho, la actual ubicación del nuevo cementerio del pueblo, el del Cerro, está datado oficialmente y grabado en piedra en el año 1761, lo que hizo que la tradición popular siguiera llamando cementerio al lugar donde reposaban los huesos de sus antepasados.

Y no es que fuera el lugar más antiguo de enterramientos del pueblo; mucho antes se enterraba en lo que es hoy en día la nave central de la propia iglesia. Claro está que, en aquellos años, no existía la iglesia actual como la conocemos ahora, pero indicios y alguna prueba hay de que en ese lugar había un pequeño lugar de culto y su correspondiente cementerio.

Yo, por poner de testigo, pongo al olmo de la iglesia de que así ha sido, y si no sirviera de ejemplo como tal —que ya no va a servir de mucho porque ya está desaparecido desde los años ochenta—, me remito a los que así lo aprendieron y de tal manera lo transmitieron a sus descendientes, que, por ser de mucha antigüedad, este pueblo lo es y mucho más de lo que pensamos.

(Algún día, cuando venga a cuento, te contaré algunos datos recogidos en el término de Adobes sobre los castros celtíberos y sus orígenes en el pueblo. Y no es cuento).

Y lo que son y cambian las cosas. Hoy, la modernidad y la funcionalidad nos ha legado una plaza nueva, uniforme y diáfana, guardando bajo nuestros pies las reliquias de nuestras familias.

Y siguiendo con el Portalillo, era un lugar donde siempre había gente, ya fuera mayores o chavales, de paso o estabulados, jugando o discutiendo. Eran tiempos donde las casas del pueblo siempre estaban llenas, aunque muchas veces no eran de vida, sino de miseria y hambre.

Desde el Portalillo podías saber cuántas chimeneas estaban encendidas con lumbres porque se divisaban casi todos los tejados del pueblo. Eran tiempos en que la **támara**, el rebollo, la carrasca y el **hornijo** se buscaban como el oro en las películas del oeste.

En el Portalillo, muchas veces la gente se juntaba a hablar y mirar. Por mirar, si era la primavera, los aviones.

Eso era ayer. Un ayer irrepetible y para muchos imaginario. Hoy es distinto, muy distinto.

La Cuca y yo estábamos en la pared de la balconada mirando los aviones más solos que la una.

La Cuca, cuando se dio cuenta de que mirar los aviones era perder el tiempo, se dio media vuelta sin avisar y se perdió por las escaleras de la plaza hacia el Cantón.

Estando yo solo, y por aquello del ridículo, me decidí en probar si la técnica de cazar los aviones al vuelo aún estaba a mi alcance. Todo era tan sencillo —es un decir, claro está— como tirar al aire un papel con un agujero en medio con la ayuda de una piedra o un taco de madera que hacía de proyectil y esperar a que picara uno en la trampa, o tan difícil y sencillo como que el papel flotara lo suficiente para que algún vencejo se fijara en él y lo rompiera al intentar cogerlo.

—¿Pero caían?

—Como trompos.

Picaban en el cebo de papel en forma de platillo volante como peces voladores. En cuanto metían un poco la cabeza y las alas, estaban perdidos. Algunos había que ir a buscarlos a los Quiñones o encima de un tejado. Era cuestión de paciencia y de repetir la operación varias veces.

Los aviones o vencejos eran tan duros de roer como de comer. De cazarlos para comer, no es que fuera muy costoso porque eran muy torpes para levantar vuelo desde el suelo, y su única defensa eran los garfios que tenían en sus patas. Eran negros como el azabache, a diferencia de las golondrinas, que tenían una corbata blanca sobre el pecho, y el chirriar era distinto.

Por entonces, había chavales más que suficientes en el pueblo para a todos los perros y gatos juntos. Había zagales para cazar pájaros, quitar huevos, jugar al **cinto correa** y al **alto ministro**, echar unas horas al escondite, jugar un partido de fútbol con todo reglamento y hasta salir a **pispajiar** en cuadrillas por cualquier lugar del término del pueblo. Y todo eso en el tiempo libre fuera del horario escolar, que por entonces las escuelas estaban llenas desde las pizarras hasta la puerta de la calle, y eso que las ausencias no estaban reñidas con las tareas del campo.

De chaval, uno es la leche. De zagal, más que la leche, la releche. Y me remito a la cantidad de travesuras que se nos llegaban a ocurrir, y ninguna buena. La imaginación es infinita en según qué ocasiones, y a ciertas edades, más que ingeniosa.

—¿A quién se le ocurre ponerse a cazar aviones tirando papeles al aire?

—Pues a los chavales.

Estoy por pensar… eso debe ser verdad, pues me lo dijo un viejo del lugar hace la **catapera** de años.

Está claro, estas tradiciones son ancestrales, son los rescoldos de aquellos primeros pobladores de la comarca que se dedicaban a la caza para sobrevivir. Hay cosas que se aprenden al nacer, y en este pequeño pueblo serrano, aislado en los confines de la geografía española, muchas de estas cosas se aprenden de manera innata.

Yo, desde luego, no me acuerdo de cuándo aprendí a cazar aviones. Puede que lo viera hacer a otros chavales mayores que yo. Supongo que, de la misma manera y forma, la afición a la caza, pues desde chiquitín ya iba de paquete con mi padre y mi tío Juan Francisco.

A veces se aprenden tantas cosas, y ocurren otras tantas que contar…

Aún recuerdo aquel día jugando al marro en el Portalillo y en el que nos cerraron la puerta de salida y nos fundieron a **cintazos**. Salimos con las nalgas más colorás que los tomates.

Y fueron tantas veces.

Antes, a la más mínima, correazo que te crio.

Y es que armábamos cada tinglao…

Y no es de extrañar que nos calentaran las nalgas.

El juego del marro era exclusivo de los chavales. Un tanto absurdo en su desarrollo y hasta demasiado bruto, pero al fin de cuentas divertido y entretenido. Casi siempre aprovechábamos para refugiarnos en el Portalillo aquellos días en que no paraba de llover o el frío y la nieve no invitaban a pispajiar por el campo.

La forma del juego era muy sencilla, solo hacía falta juntarse más de media docena de chavales y ya se podía poner en práctica. Lo primero era echar a suertes; en el caso del pueblo había la costumbre de echar a pies, para saber a quién le tocaba ponerse de burro y el orden que se debía seguir para ir saltando y montando. Mientras el burro aguantara a cuatro patas y el montón no se derrumbara, seguía el juego. Cuando el que hacía de burro se rendía, perdía y volvía a ponerse otra vez. En el caso de que la montonera se derrumbara, el primero que tocaba el suelo se tenía que poner de burro en el siguiente turno.

A mí de burro me tocó
siendo más de media docena,
y casi por culo me dieron
cada vez que me montaban.

Que por joder intentaban todo lo que podían, y si por joder fuera, como cabestros saltaban.

La mayoría de las veces no se llegaba a completar la tanda de saltadores porque se rendía el burro por el peso o porque alguno de los que estaban se caían de la propia brutalidad del juego.

El problema venía cuando el burro aguantaba y todos estaban montados. Entonces, todos se aferraban como podían para no caerse e intentaban provocar que cayera el contrario.

Hay ocasiones en que el tiempo te permite el ir a hacer el pispajeo, sobre todo en la primavera, cuando los días no se acaban nunca y hay horas para hacer de todo.

El pispajiar, —pispar pájaros—, era una de las formas de decir cuando los chavales del pueblo se iban a hacer cualquier cosa y, en la mayoría de los casos, nada bueno.

Lo mismo se podía ir uno a coger pájaros que a sacar nidos, a poner cepos o liga con pegamento, que a coger el tiragomas e irse debajo de los árboles del Cañuelo a afinar la puntería. El caso era escaparse por el campo y aprovechar tal situación para hacer alguna fechoría. Las técnicas, las maneras y las formas ya nos las inventábamos nosotros. En el caso del tiragomas, era un arma que se llevaba a perpetuidad, por si se presentaba la ocasión.

Aún recuerdo aquel día de verano que estábamos encima de los árboles del Cantón mirando el paisaje. Es un decir, porque casi siempre que nos poníamos a mirar el paisaje era porque estábamos pensando alguna ocurrencia.

Y mira por dónde…

De momento nos quedamos mirando unos a otros y nos vino la misma idea. No había ni que razonar, ni pensar la situación, ya nos la sabíamos de memoria.

Era hora de actuar.

Un gorrión chico que le da por volar de los arboluchos de la cuesta del Castillo a una zarza a no más de veinte metros. Estaba claro que su poder de volar no le daba para más.

Como rayos saltamos del árbol.

—¡Mira!

—¿Has visto?

—¡A por él!

En la primera espantada, al tonto del pájaro no se le ocurre otra cosa que irse hacia las Hoyas. Por allí poco porvenir le amparaba, pues apenas hay zarzas donde refugiarse y, por lo contrario, el piazo es tan grande que se iba a cansar de dar vuelos.

—Éste va a caer.

Nosotros salimos volando hacia la presa.

El pájaro que vuelve a levantar vuelo.

Nosotros que volamos detrás de él.

El pájaro que vuelve a volar.

—Ya caerás.

—De aquí no sale.

Nosotros que lo rodeamos.

Él que se defiende.

—¡Ya lo tenemos!

Cataclás.

Todo sucedió en un momento de ná. Apenas la carrera terminó a la altura del camino de Tordellego.

Una carrera de tantas que nos dábamos cuando los pajarillos eran pequeños y apenas podían volar. En realidad, nadie nos enseñó cómo ni por qué teníamos que hacer tal actividad. Supongo que era intrínseco e innato en nuestros genes, o debido a la tradición y observancia de nuestros mayores.

Y colorín colorado…

En aquellos días, por lo menos, hicimos media docena de carreras y todas con pleno éxito. Éramos unos hachas, no había gorrión que se nos resistiera; terminaban todos asfixiados de tanto volar.

Y hablando de colorines…

Los colorines no había manera de cazarlos a no ser que los cogieras en el nido esporretos o a medio plumón. Eran chiquitines como las cardelinas y volaban como rayos. Los había de todos colores: azules, verdes, carmesí, amarillos, multicolores. Eran preciosos y llenaban la primavera y verano de colorido y canto.

Aunque para gordo, el día que tapamos con trapos la puerta del pajar de la Lomilla. De hecho, ya veníamos observando que se venían metiendo a comer los cuatro granos de trigo que quedaban de la trilla, y que cada noche acudían a dormir al calor, y que cada vez que íbamos a por paja salían a bandas. Todo era cuestión de buscar el día más apropiado y volver a armarla.

Y vaya que sí la armamos. Mientras unos ponían unos sacos en la puerta entreabierta de la entrada, otros se liaron a dar golpes en la puerta trasera por donde se metía la paja. El revuelo fue monumental: unos se metían en los sacos sin querer, y los que revoloteaban por el pajar, una vez cerrada la puerta, nos liamos a palitrocazos y **horcazos** entre las vigas del pajar hasta no dejar uno sano. Allí se armó la de San Quintín y voló toda intemerata.

Y vaya merienda que nos preparamos. Que yo recuerde, de chaval chico, como aquella ni dos.

Si no me equivoco, nos los comimos en los aliagares que hay detrás de las piedras del Cañuelo.

Raro era el día que no vieras a un chaval con un pájaro muerto en la mano o colgao en la cinturilla del pantalón. Y raro era que en muchas casas no hubiera alguna jaula con alguna cardelina o colorín.

Claro está, eran otros tiempos en que ciertas cosas no estaban mal vistas, y había pajarillos por todos los lados a mansalva. ¡Qué tiempos aquellos!

Lo de pispajiar era tan tradicional por estos parajes, que era raro que un chaval no llevara encima siempre un tiragomas. El tiragomas o tirachinas, como quieras llamarlo, era más especial; aquello era pura afición a la caza y al tiro, posiblemente la evolución natural del uso de la onda con piedras y del arco con flechas de madera.

Desde críos **esbirriados**, todos los llevábamos encima, y desde que uno tenía uso de razón, todos ya nos ejercitábamos en el arte de hacer puntería a una botella de cristal vacía o de afinar la perfección tirando a una perra chica a diez metros de distancia.

Una simple horquilla de rebollo o de carrasca seca, un par de tiras de goma de palmo y medio de alguna rueda vieja de moto o camioneta y un trozo de retal de zapato viejo era más que suficiente para poder hacerse un buen tiragomas.

La munición, tratándose de perdigones, siempre estaba al alcance de la mano en forma de boletes y, a poder ser, cuanto más redondos mejor.

Había ocasiones en que las inclemencias del tiempo no te permitían hacer el pispajeo por el campo, sobre todo cuando se ponía a llover de temporal o le daba por caer una nevada de espanto. Y pasaba con tanta frecuencia que ya casi no recuerdo.

Por recordar…

Recuerdo una nevada tan grande —más que una nevada fue un **tasquín**—, que tuvieron que salir casi todos los hombres del pueblo a hacer trincheras para poder ir de unas casas a otras. Muchos pudieron salir a la calle porque los vecinos les quitaron los ventisqueros de las puertas, y los chavales, para ir a la escuela, solo podíamos pasar por las veredas que nos habían hecho a exprofeso, y donde la nieve nos llegaba hasta los bigotes o las orejas.

(Puede que haya cosas que me las invente o las exagere, pero esta anécdota de la nevada es de las de verdad y de las buenas. Puede que exagere en cuanto a la altura de las orejas, pero es cuestión de elegir a según qué crio, chaval o zagal, pues por aquellos entonces estábamos en edad de crecer).

La única solución que nos quedaba en el recreo era, a los chavales, jugar al marro, y a las chavalas, jugar al "corro la patata", si les quedaba sitio, porque, aparte de que estábamos como sardinas en lata, los chicos les podíamos a las chicas y las echábamos fuera, y una vez que estaban en la plaza, nos liábamos a tirarles bolas de nieve. Se formaba cada guerra de mucho cuidado.

Aquellas fechas, las de la nevada de campeonato –o como decía un viejo del lugar: «No se podía meter un papel de fumar entre el cielo y la tierra»–, estuvimos atrincherados sin poder salir del pueblo por lo menos una semana, todos metidicos en casa. Las ganas de escapar apenas pudimos llegar a la cuesta del Castillo para poder ver el horizonte de la nieve.

Eso sí, en aquellos días nos hartamos de hacer bolas de nieve y tirarlas por la cuesta abajo. Un día hicimos una en las eras del Castillo como dos veces la campana gorda, y cuando ya no pudimos más, la tiramos por la cuesta, llegando casi hasta el Barrio Abajo, y cuando iba cayendo, cada vez se hacía más grande. Es cierto y verdad que tardó en derretirse medio invierno.

La gente ya se cansaba de tener que dar agua a los animales en las cuadras, y los ganaderos ya estaban hartos de tener que llevar a cubos el agua a las ovejas y a los corderos a las casillas. Algunos que tenían las casillas por las eras de abajo incluso se atrevían a sacar los rebaños y acercarlos a beber al Cañuelo.

Los pájaros estaban tan hambrientos que cualquier rodal libre de nieve era una bicoca para subsistir. Los chavales sabíamos de su debilidad y aprovechábamos para poner los cepos. Además, los pobres pajarillos, con el frío, estaban medio atontaos.

Nosotros, más listos que el hambre que pasaban ellos, preparábamos los utensilios necesarios para la caza a toda prisa, ya fueran tiragomas, cepos o trampas. Sabíamos que era la ocasión y no era de desaprovechar. El que más o menos tenía cuatro o cinco cepos por si acaso, y solo faltaba buscar un sitio un poco tranquilo, sin nieve y que le diera el sol. El resto lo hacían los propios gorriones.

Y vaya que si picaban…

Todo era cuestión de enterrar el cepo con cuatro cañas de pajuzo donde estuviera pisada la nieve o echar una meada para que esta se derritiera, unas migajas de pan o unos granos de trigo, y la engañifa estaba preparada y lista para que se tiraran como locos. A veces no daban tiempo ni para esconderte.

> Los cepos, por entonces, eran
>
> lo que en las tiendas vendían,
>
> y a los pueblos los traían
>
> de la ciudad de Molina.
>
> Eran de alambre colorao
>
> y costaban dos pesetas,
>
> tenían forma de abanico
>
> y un anzuelo de lengüeta.

Entonces, todo el mundo tenía cepos pa tó, y el que no, cazaba a lazo, con escopeta, con hurón, con reclamo, a huelga, a ojeo o como fuera. El caso era cazar, cazar por cazar y cazar para comer.

Y hasta una vez…

Debió ser por los años sesenta y pocos, y es que hizo unos días de frío de esos que hasta salieron ramos de escarcha en las habitaciones de las casas, y viene al caso porque aparecieron muertos y congelaos los gorriones en los árboles del Cañuelo. Lo nunca visto. La noche había sido tan criminal que se quedaron pasmaos en las ramas y cayeron como fruta madura. A cálculo casi cierto, aquella noche el termómetro pasó de los veinte grados bajo cero.

La cosa fue remitiendo, y el sol se apoderaba de los nublos; la tempestad se convertía en calma. La escuela seguía tan bulliciosa como siempre con tanta chiquillería. El tiempo, por momentos, parecía que había entrado en razones.

Ya con el tiempo cambiado y en estación distinta —siempre en primavera o verano—, nosotros, los chavales, más listos que linces, nos largábamos con los tiragomas y una linterna a ver cómo dormían en los árboles. Como trompos dormían y como trompos caían. Nos dejaban afinar la puntería y hasta repetir en caso de fallo sin inmutarse. Y vaya cómo caían, como trompos.

Los gorriones eran los pájaros más tontos de todos los que había en el pueblo, y mira que llegaba a ver y haber. (Ahora no vayas a ir contando por ahí que matábamos los pájaros, eso es secreto de confesión, y yo ya he pagado mi penitencia).

Yo, como la mayoría de chavales de mi edad, he sido bastante pajarero, pero a pispajero me ganaban muchos. Si yo te contara…

Una vez había un nido de cardelina en los árboles del tío Patricio, y para que no nos lo quitaran los zagales más grandes, lo cogimos antes de tiempo, con su blandura y todo, y lo metimos en una jaula. Lo habíamos puesto en el corral del tío Nicanor, que estaba a cuatro pasos de los árboles, y venían a darles de comer cada momento sus progenitores.

Un día, la cuadrilla que nos seguía en quintas mataron con el tiragomas a los grandes cuando estaban en los cables de la luz esperando a acercarse a dar de comer a los de la jaula.

Los que más perdieron fueron ellos, porque al día siguiente los estuvimos siguiendo y les aborrecimos todos los nidos de tórtola y de colorines que tenían apuntaos por las calzadas de las eras y las paredes de los pajares. Un día les pusimos una mierda fresca en la blandura del nido como venganza de otra parecida contra nosotros. Cada cual se vengaba de la manera que podía. Es totalmente verdad. ¡Anda! Ellos también nos lo hacían.

Las tórtolas eran malas de cazar con tiragomas; no se dejaban acercar. Siempre se paraban encima de las paredes o de piedras y no paraban de moverse, y cuando ibas a disparar, se volaban.

Los más majos de todos eran los colorines. Había de todos colores, y muchos tenían varios tonos a la vez; eran pequeñicos y volaban como rayos. Los veías por todos lados, pero por donde más se ponían era por donde había cardos, y en sus alrededores hacían los nidos. Por suerte, por entonces, en primavera había cardos y comida por todos lados, lo que hacía que fuera una plaga de colorido y silbidos.

Se pasaba de bien en aquellos tiempos…

Mejor cambio de dirección, de tema y de estación.

Ahora que estaba en el Portalillo, me pasaba por la cabeza aquella vez que le aticé un bolazo de nieve a un abuelo que estaba tranquilamente calentándose en la hoguera. No fue en ningún recreo; fue el día de Nochebuena, cuando la hoguera estaba en pleno apogeo y la lumbre chisporroteaba por encima de los tejados, y la luna y las estrellas festejaban la fiesta navideña.

Seguro que fue sin querer, por lo menos en lo que respeta a él, aunque la bola llevaba su intención, y el blanco estaba a escasos centímetros. A veces la puntería falla, pero en este caso, como munición había de sobras, al final tuve mi recompensa y premio.

—¡Vaya bolazo que le casqué!

Aquella noche era de las más esperadas del año para la ziburrería del pueblo. Era uno de esos días en que se podía salir de casa de noche y, encima, a pasárselo bien; nadie quería perdérselo.

La noche estaba nevada, y todos los chavales estábamos alrededor de la lumbre calentándonos y jugando con la nieve. Yo hacía rato que llevaba pretando entre las manos una bola a la espera de que el destinatario se pusiera a tiro. Más que nieve, ya era hielo, y mira por dónde, el objetivo se puso en la diana, y con tan mala suerte que, cuando me decido a tirarla, se retira el blanco y le pego al viejo.

No digo cómo acabó la cosa, pero aquella noche me llevé las orejas más calientes y más colorás que un tomate, y eso que llevaba pasamontañas y de lana gorda.

Según nos decían entonces, la hoguera era para calentar al Niño Jesús, que había nacido y pasaba frío. Luego, más adelante, nos enteramos que donde nació no hacía tanto frío como en el pueblo y que tenía que haber alguna que otra explicación.

La hoguera, aparte de la tradición, era obligación hacerla. Tradición desde siempre, ya venía de tiempos de los íberos y de los celtas, por no decir de tiempos inmemoriales, desde que nuestros antepasados inventaron el fuego y lo usaban para ahuyentar los malos espíritus.

De leña, aquí en el pueblo, ha habido de siempre y en cantidades superlativas. No hace ni cinco siglos que los pinos y las carrascas estaban por los ribazones del Hoyazo y que fue desapareciendo para abrir espacios para los piazos de labor. De hecho, hay un documento escrito en una viga de la iglesia que dice ser cortada en la Linde Gallubar, no lejos del núcleo urbano.

La tradición del culto al fuego es innata a la supervivencia del ser humano, y la obligación de que se siguiera celebrando era responsabilidad, por jerarquía, de una persona mayor del pueblo, a la que se ponían a disposición los mozos y zagales recogiendo la leña y todos los enseres viejos y destartalados de las casas.

Recuerdo perfectamente cómo se realizaban las tareas de recogida y de acondicionamiento para llevar a cabo la hoguera. La gente joven tenía como punto de almacenaje un catruchil que había entre el trinquete y la pared norte de la iglesia, donde está la escalera de caracol. Allí se iban guardando palos viejos, gamellones, zarzos, artesas o cualquier elemento de desecho que la gente se quería quitar del medio. De vez en cuando, la picaresca nos llevaba a sisar leña de las cuadras que la gente tenía para abastecer el hogar; incluso llegábamos a sacar los palos por los ventanillos de aireación. Todo un arte.

Y cuando iba llegando el día, la persona indicada iba colocando los maderos de forma natural, como lo hacían en las antiguas carboneras del Monte, para que se fueran quemando poco a poco y así las ascuas duraban más tiempo.

La gracia estaba en que la leña se fuera quemando poco a poco y que durara hasta el día siguiente para poder hacer una buena asaina de patatas. Y tradición era que al día siguiente todas las casas recogieran parte de las brasas y se las llevaran a las casas para encender y quemar los malos espíritus.

Se alumbró la hoguera
en la gélida noche,
y se iluminó el cielo
de chustas estrelladas
y melenudas llamas.

Avivó el fuego
un rito pagano de esperanza,
un ascua candente
de religiosidad sagrada,
de noche de estrellas fugaces
y lunas plateadas.

La gente que tirita,
que danza, que salta,
una noche blanca
de blanca nieve,
de hielo cristalino
que cala y pasma.

Hoguera de fuego vivo,
de ascuas y llamas,
lumbre de rito y esperanza.

Tradición puede interpretarse el hecho de que toda la gente del pueblo acudiera y cantara alrededor de la hoguera, seguramente en la más ancestral de las tradiciones de nuestros antepasados. Conservar siempre el fuego vivo en aras de la comunidad.

Y obligación debía de ser para todos los zagales del pueblo el tener que recoger toda la leña que se pudiera durante todo el mes de diciembre, y cuanta más, mejor.

Aquellos días, en cuanto se salía de la escuela, nos poníamos a quitar leña por donde fuera. Lo mismo se metía uno a una casa que a una casilla, a una cuadra que a un pajar. Daba igual lo que fuera y de la forma que se cogiera. El anochecer era la hora apropiada para sacar más de un tronco de rebollo a poco que los dueños de las casas se despistaran.

Y más de una vez venían los dueños al trascacho de detrás de la iglesia, donde se guardaba, por ver si reconocían algún apero, gamellón o cándalo de su propiedad. Y en más de una ocasión había quien se aprovechaba de tal circunstancia para hacer la misma operación que nosotros, pero en sentido contrario. Había que estar pendientes de vigilar para que no nos la quitaran a nosotros.

Y fue en uno de aquellos años después... Aquel año hicimos acopio de gamellones, yugos, timones y toda clase de enseres caseros como nunca se había hecho. Muchas familias estaban a punto de emigrar a las grandes ciudades y ya no les importaba lo más mínimo el deshacerse de todos los arreos y aperos que se usaban en la labranza y en la trilla, y que tenían medio tirados por las cámaras y por las cuadras.

El caso es que la hoguera fue tan grande como nunca; llegaba a la altura del balcón del Ayuntamiento, y a pesar de que los tejados estaban nevados, mucha gente temía que se incendiara el pajuzo y se armara un estrapalicio. Aquel día se disfrutó de lo lindo viendo cómo se quemaban los trastos viejos. Y, sin embargo, la mayoría no se dieron cuenta de que se estaba borrando parte de la historia de este pueblo. (Por suerte, un servidor supo guardar alguna cosilla).

El **rodalín** que se formaba alrededor de la hoguera cada vez era más grande debido al calor que desprendía la lumbre. La mayoría de los chavales y mayores acabamos con los carrillos y las orejas colorás como tomates. Dicen que a algunas personas hasta les salieron cabras en las piernas. Eran otros tiempos.

Era un veinticuatro, media noche escasa,
noche fría y estrellada, noche nevada.
Las llamas brotaban con melenas rubias y doradas
de entre ascuas carmesí, azul y grana.
Era un veinticinco, apenas empezaba,
era Navidad y nevaba.

Y fue al día siguiente, o mejor, la mañana de la misma noche, un veinticinco de diciembre, y aún quedaban por apagarse un montón de ascuas. Y, como siempre era costumbre y se le ocurre a cualquiera, pronto se puso en marcha la búsqueda de patatas para envolverlas entre rescoldos y cenizas.

El rodal que ocupaban las ascuas en la plaza era tan grande que se tuvo que echar mano a una pala y una legona para poder abrir surco donde meter las patatas. Y para aliviar el rato, se sacaron porrones de vino, guirlaches y cacahuetes. Ni los copos de nieve pudieron impedir que se apagara la hoguera.

Y se repartieron las patatas al son del mediodía entre las gentes del lugar. Y, como costumbre era, al calor de las ascuas.

Era un veinticinco de diciembre.

Era Navidad y nevaba.

Para un servidor, las navidades son la época del año que más añoro, más deseo y más disfruto. Siempre las entiendo de manera que extiendan sus días hasta bien pasados los Reyes de largo. En principio, porque la nieve me encanta y me fascina, y puede que un poco por fastidiar al prójimo que no puede y debe seguir dándole al trabajo en sus lugares de residencia.

Y no es que uno sea fanático de celebraciones religiosas, más bien casi todo lo contrario, pero tampoco es de despreciar la ocasión que nos brindan estas fechas, y de vez en cuando tienta el disimular que uno es medio pagano o ateo.

Claro que, visto como está el percal por el pueblo, tampoco es que te robe mucho tiempo en tales menesteres. Entre que el cura no sale de Setiles porque no puede por la nieve o porque no le da la gana, uno lleva sin escuchar la misa del gallo tanto o más como hace que desapareció el gallo que cantaba por las mañanas para despertar o por la cuesta de los Quiñones persiguiendo a las gallinas.

Por recordar, puede que hasta sea mentira, aquella noche blanca de nieve y de luna, y con un cura vestido de negro integral que casi asustaba verlo por la noche en la iglesia. Debió ser cuando mi tatarabuelo tenía la edad que yo, y por aquellos entonces el cura venía de Piqueras y lo traían en **parigueras** y a caballo. Por aquellas fechas había por el pueblo más que suficientes gallinas como para que los gallos no tuvieran que andar de repelea.

Son tantas las navidades que he pasado en el pueblo que ya casi ni me acuerdo. Uno no es que sea viejo ni joven, pero tiene las suficientes arrugas en la cara como para semejar un piazo recién labrado con rosal, y si el carné te dice que tienes treinta y tres más que cumplidos, has puede que sea verdad y te sientas joven.

—Puede que con rosal sea exagerado.

—Pues como barbecho.

—Prefiero barbecho que erial.

A fin de cuentas, pobre del piazo que no las tenga.

Aquel año, y de este sí que me acuerdo perfectamente, era el fin de año del milenio 2000. Y puestos a hacer caso de las habladurías de los agoreros, debía ser la última que la civilización iba a poder celebrar como personas humanas antes del fin del mundo. Claro que, según dicen los entendidos en la materia, dentro de otros mil años más, las personas seremos de todo menos personas.

—¿Quién me iba a decir a mí que en la posteridad me convertiré en una máquina autómata?

—Todo mentira. Esto es más viejo que la **tosferina**. Por eso huyo al pueblo de la ciudad, por si la contaminación produce equivocaciones genéticas.

Yo siempre he creído que la única manera de no convertirse en aparato de la sociedad era aferrarse a las costumbres ancestrales de nuestros antepasados, siempre en consonancia con la naturaleza y respetuosa con el medio ambiente.

Tenía decidido cogerme unas vacaciones por navidades, y ahora ya no esperaba ni un minuto más.

Salgo echando leches.

—¡Vamos!, que nos vamos.

Que si me han de obligar a cumplir con la tradición, estoy dispuesto a hacer hasta la matanza del cerdo si hace falta.

—¡Vámonos!

—Espera un poco, no tengas tantas prisas, que no se acaba el mundo.

—Pues no sé qué te diga, mira que llevan tiempo avisando que este año se acaba el mundo.

—Y tú te lo crees.

—Lo que quieres es que salgamos pitando.

—Yo lo que quiero es salir calladito sin que se entere nadie.

—Que luego les da por salir a todos de golpe y nos metemos en medio de la caravana. La gente hoy va con la mosca en la oreja y, por si acaso, salir cuanto antes.

—Pero si son las cinco de la mañana.

—Mejor que mejor.

Lo tenía todo tan dispuesto que casi podía salir con lo puesto. La ropa que debería echar al macuto era tan poco apropiada para usar en el pueblo que mejor dejarla en el armario antes de hacer la risa. La habitual de carrasca, de uso rudo y vasto, de siempre la guardaba en el arcón de la cámara de la casa del pueblo desde hacía años. La usual de pana y pelliza para el campo ya estaba acostumbrada y hecha a un servidor, además de ser respetuosa con la naturaleza; hasta el camuflaje en el vestir era coherente con la actividad a desarrollar.

Yo sabía casi seguro que iba a coger nieve en el camino, y más teniendo en cuenta que la temperatura no pasaba de los cero grados. Que si algún día le daba por salir el sol rabioso y andaba por el campo, se me pondría la calva tan morena o más que los que habían escogido la orilla del mar. Lo que sí era seguro es que en las vacaciones el calor no nos iba a asfixiar y que nadie nos iba a incordiar.

Yo sabía de sobras a dónde iba.

—¡Venga!

—Y vamos.

No lo dudé un momento. Cuando el sol quiso aparecer por el horizonte del mar, yo ya estaba a más de cien kilómetros de la civilización. Iba tan contento que hasta el coche iba solo.

El aire húmedo que se había empeñado en empañar los cristales mientras bordeaba la costa, ahora se terciaba más frío y seco, y el verde matorral mediterráneo dejaba paso a un horizonte yermo y blanco de escarcha. Aquel paisaje cada vez se parecía más a la Navidad, y el coche iba lo más de contento.

Todo iba perfecto, pero al acercarnos al río Ebro tuve que frenar la velocidad, pues se metió en la niebla como un desaprensivo y por poco nos vamos al agua. Íbamos tan solos que, aun saliendo de la niebla, no vimos a nadie; la carretera era toda nuestra, y por un momento me acordé de lo del fin del mundo.

Mi mujer siempre me acompañaba como fiel pasajero, y siempre le daba por dar una cabezada cuando empezaba a amanecer. Siempre se perdía lo mejor del día: el amanecer.

El sol andaba roto en pedazos entre la bruma, y cada vez que se asomaba a la ventanilla del coche, parecía que quería meterse entre los asientos para no salir. Era como una ráfaga de apetitoso calor en pleno frío invierno.

El coche seguía subiendo el pequeño puerto de montaña, y el sol le seguía sin darle tregua; la bruma se iba desplomando en el valle entre las vides de la depresión de Gandesa, y la escarcha se iba desfigurando en las largas lomas. El día ya era un hecho, y las chimeneas en la lejanía mostraban sus chufarreras de humo al viento.

A mi mujer siempre le pasaba lo mismo; siempre se despertaba de sobresalto al pasar por algún pueblo, debido al alboroto de la gente o al tener que frenar para no atropellar a un gato o un perro. A estas horas de la mañana, en los pueblos pequeños, la gente madruga más de la cuenta para ir a comprar el pan o unas pastas para desayunar.

Uno se hubiera parado a comprar un poco de aceite o vino de Gandesa, que, por cierto, vale la pena tanto por el precio como por el aprecio que tiene ganado, pero, visto que la cooperativa de agricultores aún andaba sonámbula y con las puertas cerradas, viendo la imposibilidad, un servidor enfila camino del Coll del Moro hacia la localidad de Calaceite.

El lugar llamado el Coll del Moro es famoso por haberse realizado en sus aledaños la no menos esperpéntica batalla del Ebro en la guerra civil española, dejando sus alrededores devastados e incluso algunos pueblos aniquilados, como, por ejemplo, la pequeña población de Corbera de Ebro, donde tuvieron que construir un nuevo pueblo.

Desde aquí arriba se adivina por el saliente la sierra de los Ports de Beseit, con la cima del Mont Caro despuntando entre la niebla del valle del Matarraña y de la depresión de Beceite. Al fondo se puede divisar toda la plana de Lleida y las estribaciones de los Pirineos con sus cumbres nevadas. Todo un espectáculo para la vista.

Tras haber echado un vistazo a las ruinas de las defensas de la guerra y tras visitar el ruinoso y abandonado poblado ibérico del mismo nombre, seguimos avanzando por sus largas rectas, teniendo como horizonte el elevado otero donde se halla ubicado el pueblo de Calaceite y con el sol molestando por la retaguardia.

La provincia de Tarragona la abandonamos a la altura de Caserres, y justo en un puente que, al parecer, es la mitad de Aragón y la otra mitad de Cataluña. Y es que el río que hace de frontera, el río Seco, hasta en su nombre lleva la desgracia. A saber cómo se ponen de acuerdo para arreglarlo y de quién es la responsabilidad; el caso es que sigue igual que cuando lo construyeron allá por los años cuarenta. La conclusión es que cada dos semanas un coche se va a la chatarra, y lo digo porque yo suelo pasar con cierta frecuencia y siempre es distinto el que hay tirado, a salvo que se entretengan en pintarlo para meter miedo.

Justo a la entrada del pueblo de Calaceite hay un garito de madera que anuncia: «Información de Turismo, Gobierno de Aragón, Ayuntamiento de Calaceite». Allá que me paro.

Uno que se siente más turolense que alcarreño no puede evitar la tentación de pararse y solicitar información por si hay algo que desconozca de la zona o por simple curiosidad de ver qué tipo de explicación te dan. En cualquier caso, uno se hace el ignorante por si sirve de algo.

El frenazo hace que mi mujer se despierte del letargo que llevaba desde hacía más de una hora, sabiendo que era tan infrecuente que parara en el trayecto como que me entraran ganas de mear o tomar un café para reponer energías.

—¿Dónde estamos?

Yo no abrí la boca, simplemente permanecí callado.

—¿Para qué paras?

—Tú calla, que yo sé lo que me hago.

La garita, a estas horas de la mañana, estaba más sola que la una; seguro que a la dependienta le obligaban a abrir la ventanilla a las nueve y no le debía hacer demasiada gracia. El frío era de los que pelaban, pero, estando en periodo de vacaciones de Navidad, se presumía que la afluencia de trashumancia de Cataluña hacia el interior de la península iba a ser a algaradas, y debía cumplir con su obligación de información de las excelencias del lugar.

Puestos a preguntar…

—Buenos días. (Lo de buenos era pura cortesía).

La dependienta, cual moza convertida en azafata por imperativo municipal, abrió el ventanillo y asomó la jeta como extrañada.

—Muy buenos días.

—Joder, perdón, serán para ti, que estás con el radiador a toda pastilla.

—Toma, ¿y si no, cómo aguantas el frío?

Yo me pegué al garito como si fuera a comerme a la moza, con tal de que me llegara algo de calor de dentro. Mi mujer permanecía en el coche, mirando con los ojos medio abiertos, pensando lo tonto que llegaba a ser y pasando frío a cuenta de ná.

—A ver, señorita, ¿qué hay por esta zona que ver?

—Eso depende de la ruta que quieras hacer.

Yo me hice el perdido; bueno, en realidad, me hice el ignorante y el despistado. Mi mujer, conociéndome de sobras, seguro que pensaba que me estaba haciendo el gracioso, que me estaba quedando con la chica y, a la vez, con los pies como troncos.

La moza, mejor la azafata, tenía todo el garito, mejor dicho el despacho, lleno de papelotes de todos los lugares y tamaños de la provincia de Teruel y, más en concreto, de la zona y sus lugares, incluida la propaganda de los bares y restaurantes donde debías ir a comer casi a la fuerza.

La chica, en este tema, insistió bastante, apostillando la susodicha frase: que luego te dan gato por liebre. Yo le pregunté, cómo sin saber, pues a mí me han dicho que por esta zona se come el mejor ternasco de toda España.

—No lo dudes, y el mejor jamón.

—¿No será de pata negra?

—Aquí todo es natural, no tiramos de disimulos.

—Me parece muy interesante.

Mientras mis orejas agradecían el calorcillo que salía por el ventanillo, mis pies no dejaban de zapatear en el suelo para que no se quedaran helados. La azafata, que vio que estaba a punto de largarme, alcanzó un formulario y un bolígrafo y se puso a hacer preguntas.

—Es puro trámite, por aquello de justificar mi trabajo.

—Date prisa, que se me quedan los pies helados.

—¿De dónde procedes?

—De Barcelona.

—¿Cuántos días vas a estar por la zona?

—Ni se sabe.

—¿Más o menos?

—Depende de lo que haya que ver.

—Pero tú tienes acento maño.

—Si tú supieras…

En un momento, me hizo una recopilación de folletos y se dispuso a ir dando las explicaciones pertinentes y oportunas. Mis pies casi estaban como troncos, y decidí fijar los ojos en uno que figuraba con letras grandes: la Sierra del Tremedal y sus inmediaciones.

Ella no sabía que un servidor iba hacia allí, aunque seguía un poco mosqueada con mi acento al hablar.

—A ver ese.

—Eso está más allá de Teruel.

—¿Y cómo voy?

—Has de ir dirección Albarracín.

—Sí, pero ¿cómo llego?

—Pues la verdad es que esa zona no la conozco mucho; apenas he estado un par de veces en las fiestas de verano de Noguera, que me suena que está cerca.

—Vaya, yo también voy a otro pueblo que no tiene ni tienda, ni piscina, y un barezucho de ná.

—Pues vaya engorro, ¿no?

—Bueno, pero la gente se lo pasa bomba.

—¿Y cómo dices que se llama?

—Nosequé de la Sierra.

Visto lo visto, estaba claro que no valía la pena hacerme más el gracioso ni pasar más frío.

—Entonces, ¿qué me recomiendas?

—Pues que te pares en Teruel y preguntes.

—Casi que sí.

—De todas formas, aquí en Calaceite puedes visitar el casco urbano y el poblado ibérico, que es de lo mejorcito que hay de su estilo.

—¿Tendrá calefacción instalada?

—Calefacción no lo sé, pero ventilación, seguro. Está allá arriba, en el puntal donde se ve la ermita.

—Pues entonces lo dejaré para otro día.

—Casi que mejor.

La moza lo entendió a la perfección y se despidió con un: «Suerte y que lo pases bien donde vayas». Yo le di las gracias con un nuevo zapateo en el suelo y salí con mis folletos debajo del brazo. La moza, en cuanto me di la vuelta, cerró el ventanillo para que no se le escapara el calor y, con gesto sospechoso, le dediqué: «Adiós, mañica».

Mientras caminaba hacia el coche, observaba cómo mi mujer sonreía con cara de enfado. Yo volvía tan contento y tan pasmao de frío que me satisfacía frotándome las manos.

Arranqué el coche, puse la calefacción a toda pastilla y salimos de Calaceite con un tenue sol dándonos de estribor. Los olivos que corrían a lo largo de la carretera todavía conservaban parte de escarcha, pareciendo almendros floridos. La sombra del coche se deslizaba juguetona, patinando entre los charcos de hielo que se apostaban por la cuneta de la carretera. El coche iba casi solo, pues se sabía el camino de memoria.

Casi sin enterarnos, estábamos en el Matarraña. Este es un río que lleva menos agua que el río Molino cuando echa el Ojo, y con un puente que es, por lo menos, quinientas veces más grande que el que hay en el río de la Badía. Parece ser que cuando hay alguna tormenta de las gordas y le da por desbordarse, llega hasta la misma puerta del puticlub que hay al lado de la carretera.

Por cierto, dicho lugar, siempre que paso, aunque sea de noche, no hay nadie. O bien se debe a que el ganado no es de primera calidad, o puede que se deba al olor que echa el corral que hay al lado, donde cierran las ovejas y que hace pared medianera con el citado lugar.

Íbamos llegando al cruce de la carretera de Castellón cuando…

—¡Ojo!, que está la Guardia Civil de Tráfico.

—¿Y qué?

—¿A que nos paran?

—Calla, por si acaso…

Si digo verdad, solo me han parado en una ocasión. Debe ser que ya conocen el coche de pasar tantas veces.

Habíamos salido a la general de Zaragoza, y en pocos kilómetros nos llevaría directamente hasta el pueblo de Alcañiz, siguiendo una larga bajada y tras pasar la ermita de Valjunquera.

Yo por aquí iba con los ojos más abiertos que nunca. Al pasar por el polígono industrial, suele haber más de un incidente, por no decir accidente; hasta han tenido que poner un control de radar que no para de sacar fotos a todo quisqui que se despista.

Pasar por Alcañiz para coger el desvío a Teruel es una odisea. Siempre, al llegar al puente del río, el semáforo se pone rojo, aunque sea unos segundos, y eso que reducía la velocidad más de lo que anunciaban los carteles municipales. Traspasar la ciudad de Alcañiz es como hacer una ruta de turismo a estilo japonés: aquí me paro, aquí arranco, foto por allí, arriba el Parador, acá la Catedral, que no puedes pasar de treinta y ya puedes arrancar. Y vuelves a parar.

Yo Alcañiz lo conozco menos de lo que debiera, pero, a decir de los guadalopinos, no tiene comparación con la capital de Teruel; es muchísimo mejor y más grande.

A decir de un servidor, uno no apostaría por ninguna de las dos, a no ser que se viera obligado a pronunciarse ante el lugareño de turno. Puede que me sienta más cercano a Teruel por aquello de la proximidad natural, pero Alcañiz tiene algo especial de ciudad medieval e histórica, y todo el entorno del río Guadalope, con sus verdes parques, la hacen demasiado especial.

Este pueblo es famoso por tantas cosas que lo mejor es que te pierdas y no te tengas que creer lo que yo te diga. Solo un consejo: que elijas cualquier temporada que no sea invierno.

Cruzamos el río por el puente viejo y nos enfilamos dirección a Zaragoza, dejando atrás la muralla y las apelotonadas casas del casco antiguo entre la chopera de árboles de su cauce. Una gran bandera, a modo de estandarte, se reflejaba y se balanceaba en el espejo retrovisor del coche, y que era la despedida del pueblo desde lo más alto del Alcázar, hoy convertido en Parador Nacional.

Aún no habíamos dejado la señal de prohibido ir a más de cuarenta, cuando nos topamos con un cartelón que nos indicaba que, para coger la dirección de Teruel, teníamos que girar a la izquierda. Hecho, el coche se lo sabía de memoria, tomó su curva como Dios manda y se dirigió para Teruel, y decimos adiós a Alcañiz.

Ahora que ya ha pasado el tiempo, y tras la modernidad y la inauguración del circuito de motos La Estanca, todo lo dicho anteriormente de cruzar el pueblo queda borrado, y en la actualidad, desde la nueva variante, se puede observar una estampa distinta y, a la vez, más bucólica y general de la ciudad.

Sin llegar a coger el trote, se nos echa encima otro cartel que nos dice que vamos por el buen camino y que nos llevará a Calanda, Alcorisa y Montalbán. Hemos remontado el valle del río, y una gran meseta se nos abre al horizonte, repleta de olivos y frutales. Una larga recta se pierde entre la escarcha de las fincas y el lagrimear de los árboles ante el sol incipiente del invierno.

La larga recta y la solitaria carretera invitan a dejar el coche a sus anchas y a aprovechar para tomar unas galletas y un trago de agua. Puestos aquí, es como si se estuviera uno acercando a nuestro terreno, al ver las lomas a lo lejos. La fisonomía del paisaje había cambiado por completo, y es que nos estábamos metiendo en el centro de la provincia de Teruel.

Si lo sé, no digo nada. De momento, asoma una chufarrera de humo.

—¡Anda!, cierra la ventanilla. Mira la que se nos viene encima.

Una inmensa chimenea en el centro de la meseta inunda de humo todo el entorno. El frío y la inversión térmica se encargan de hacer el resto. De hecho, esta chimenea está considerada la más alta de España y se dedica a producir electricidad quemando el carbón que le suministran las minas que hay alrededor.

Yo creo que han debido contratar a los Hermanos Marx para atizar el fuego, y en vez de madera, lo hacen con carbón. En cuanto al contrato, los pueblos de alrededor han pedido explicaciones, pero no ha habido manera de aclararse con el papeleo.

Los únicos que estaban de acuerdo y con sumo gusto son los vecinos de Andorra, que gracias a ella sobreviven de manera más que razonable.

Si te digo verdad, yo de Andorra de Teruel sabía de haberla visto en el mapa, y aun así, siempre que lo buscaba, se me escapaba el dedo a los Pirineos. Realmente la descubrí cuando vi la chimenea por primera vez.

Su gran chimenea se eleva orgullosa en medio de la gran planicie, como alegato a la modernidad de una tierra semiárida que no para de reivindicar agua para sus campos. Y entre humo, olivos y melocotoneros, nos presentamos en Calanda.

De nuevo, otro cartelón de color morado chillón en cinemascope se planta en medio de la carretera, dejando entrever una figura humana dándole a un pandero. Debajo, con letras bien grandes, hay una leyenda que dice: «Ruta del Tambor y del Bombo».

Supongo que será por si hay alguno que no lo sabe. Yo sé que es verdad porque sí, y porque una vez me cogieron en medio de una procesión de Semana Santa al paso por la localidad y me reventaron los oídos.

Calanda aparenta estar siempre de fiestas; hay banderitas por todos lados. Siendo un pueblo más bien pequeño, se ha hecho famoso por medio mundo. Claro que, teniendo como santo y seña al Tío Buñuel, no es de extrañar, y si a eso añadimos los exquisitos y deliciosos melocotones, ya para de contar.

En este pueblo hay discusiones muy encontradas. Por un lado, están los que defienden las chimeneas de sus hornos de ladrillos reflectantes y bloques de hormigón a costa de contaminar toda la huerta de cultivos de olivos y melocotoneros, y por el lado contrario, los que apuestan por la agricultura de futuro, una vez que han conseguido la certificación de denominación de origen.

Que, por haber discusiones, hasta un negacionista de la cultura nos decía que el cine es muy bonico, pero que todo es irreal y de película, que aquí lo que cuenta es el huevo frito y el tocino de cada día, y lo demás son monsergas.

Yo estoy por darles la razón a todos; mejor llevarse bien por si alguna vez tiene que recurrir a ellos en caso de necesidad. Ante todo, primero la manduca y luego la diversión.

Y hablando de manduca, hay una panadería nada más entrar al pueblo que hace unas empanadas y unos dulces caseros que, más que abrirte el apetito, te quita las penas. Eso sí, no pases más tarde de las diez de la mañana, que ya solo te queda el pan de tahona.

La empanada me duraba a mí comérmela lo que tardaba en salir de la tienda. Luego, durante varios kilómetros de recta, iba picoteando, dejando el coche como si hubieran comido las gallinas.

Un poco más adelante, nos encontramos con la primera de las estaciones muertas. Sí, sí, has escuchado bien, no es ninguna broma.

Te cuento…

En la provincia de Teruel existe una vía de tren que nunca se llegó a poner en servicio. Para no entrar en florituras, te diré que arranca por las proximidades de Alcañiz y se muere a la altura de Viver del Río. Eso no es lo oficial; es lo que yo tengo visto y vivido. Va ligeramente paralela a la carretera por la que andamos circulando, y se puede observar perfectamente sus puentes, apeaderos y estaciones. Según dicen, fue un trabajo de chinos que les buscaron a los presos de la guerra civil para que se entretuvieran.

Muchísima razón deben tener los turolenses, cuando dicen que Teruel no existe, porque si todo lo que existe es como la vía muerta del tren, es como si no fuera. Hoy en día se le ha dado la vuelta a la tortilla con el eslogan de «Teruel Existe». ¡Quia!, cómo cambian las cosas.

Pasamos rozando un apeadero que usan los ganaderos para asestar las ovejas y un par de puentes de piedra de sillería que salvan el cauce del río Guadalopillo, y nos presentamos en Alcorisa de sorpresa. Una nueva señal nos recuerda que estamos en la ruta del tambor y del bombo, y otra señal de tráfico nos invita a ir al paso de tortuga. Aquí, los pasos de peatones son sagrados de respetar, y si te haces el despistado, te arriesgas a que te den un garrotazo en el coche.

Y no se te ocurra pasar a más de paso de persona, que, aparte de quedarse mirando como si fueras un loco, se chivan a la guardia urbana y te esperan a la salida. Mejor calmarte de paciencia y sacar el brazo por la ventanilla para decir adiós a todo el que te cruces en el camino.

Alcorisa es un pueblo tan grande que se tarda en cruzar casi un cuarto de hora, y eso que solo hay una calle principal que va por el centro del casco urbano. Visto de esta manera, has de pasar por el tubo a la fuerza, a no ser que te metas por medio de los huertos.

Y no te digo nada si te cogen cruzando en Semana Santa. Aquí, la tamborrada se multiplica mucho más que en Calanda; yo diría que más que maños, son burros dándoles a los tambores y bombos. (Perdón, un tanto exagerado). Mejor no te cojan en medio.

Cuando uno va para el pueblo y el sol te pega por detrás, siempre te puedes permitir el hacer alguna parada que valga la pena, pues te queda el consuelo de que vas a llegar con luz al destino, a pesar de que en estas fechas las horas diurnas son escasas.

La licencia, en este caso, estaba más que justificada al salir de Alcorisa. Tras pasar la zona deportiva, hay una pequeña área de servicio bajo unas peñas y con un cartelón con una dirección a seguir y que reza la siguiente leyenda: «Grutas de Cristal». Molinos a 7 kilómetros.

Tras la parada y analizar la altura del sol en el cielo… Hacia Molinos que vamos.

Bordeamos unos veinte minutos el cauce del Guadalopillo y nos encontramos con un pantano medio seco. Más que pantano, es un pequeño embalse, como unas cien Colmenillas de Adobes, muy bien acondicionado para recreo de las poblaciones vecinas. Ya llegando a Molinos, volvemos a ver una nueva flecha que nos desvía por un camino forestal hacia unas lomas casi peladas.

Tras pasar por entre unos huertos abandonados y unas naves de ovejas, el camino nos abandona en un pequeño rincón sin salida, con una caseta de madera y una explanada de tierra que sirve de aparcamiento. Está claro, es aquí.

Vemos un coche de Teruel, un autobús de Valencia, otro coche de Zaragoza y dos coches más de Barcelona, contando el mío. El pueblo de Molinos, a unos cuatro kilómetros, asomando el campanario de la iglesia. Un cartel de madera nos indica que las entradas hay que sacarlas en la barra del bar que, a tal efecto, lo han construido para que una nueva familia se pueda ganar la vida en este terreno semidesértico.

En veinte minutos entramos en la cueva. Pues allá que vamos.

Repechamos unos escalones de piedra, tan mal avenidos como mal proyectados, y tras llegar al destino, nos encontramos con una pareja que lleva sentada varios minutos a espera del turno de visita. La espera nos obliga a enterarnos de lo que significa la geología del entorno mediante un panel explicativo destinado a tal fin en la boca de la cueva y a escaquear la vista en busca de cualquier cosa que no sea nada.

Un nuevo autobús acaba de pararse y descarga un batallón de jubilados. Apenas van subiendo la escalinata, empiezan los empujones para coger sitio de privilegio. La puerta de la cueva se abre y empieza a salir el turno con el monitor al frente.

—Por favor, dejen salir.

—Por favor, vayan haciendo la cola por orden de entrada.

—Por favor, señores, no empujen, que hay para todos.

—Por favor, un poco de orden.

—Por favor…

Por fin, todos dentro y en orden.

La cueva, si fa o no fa, es como todas. Estalactitas que caen por aquí, estalagmitas por allá, luces de colores, prohibido tocar esto, miren aquello otro, pasen por aquí, se pongan por allá, como ustedes verán, y mucho más que verán, media vuelta por ahí, cuidado al pasar, pasamos por el pasillo y, al salir, no se olviden de comprar un regalo al marchar.

Por buscar alguna diferencia, esa la ponía el monitor. Un señor mañico con la lección tan bien aprendida que parecía un cassette con música y todo. Era gracioso a más no poder, no solo por el acento maño con que acentuaba su vocabulario, sino porque cambiaba la cinta en función de las circunstancias y del lugar de donde procedía la visita. Donde una vez aparecían las torres de la Sagrada Familia, de pronto se convertía en la Giralda de Sevilla.

Lo digo con conocimiento de causa. Un servidor ya llevaba por lo menos media docena de veces visitando dicho lugar y ya me lo sabía de memoria; más que ir a visitar, iba a disfrutar. De hecho, al monitor ya lo conocía personalmente y, hasta haciendo broma, me proponía que si quería sustituirlo por un rato.

—Como verán ustedes, aquí la temperatura es constante. Cosa lógica.

—Como verán ustedes, aquí las estalactitas se forman al revés. Todos miraban asintiendo con un gesto de cabeza.

—¿Y por qué razón?

—¿Quién ha sido el de la pregunta?

—Yo no. (Eso lo contesté yo).

Enseguida le soltó tal explicación que lo engañó como a un chino.

Tras los siguientes ohhhh y los consiguientes coscorrones por querer coger el mejor sitio, se dio por acabada la visita y los apretujones por salir. La gente empezó a desfilar cuesta abajo hacia el autobús. Yo me entretuve en el kiosco mirando unos fósiles de amonites, que era lo único que vendían.

Volvimos a salir a nuestra carretera general y cruzamos el puerto de las Traviesas sin obstáculo alguno. Un restaurante antes de llegar a Montalbán nos hizo entender que la hora de la comida no estaba para mucha demora.

—¿Paramos o qué?

—Aquí no, que la última vez nos pusieron los canelones recalentados.

—Pues seguimos palante.

Uno pasa por Montalbán dando tumbos de aquí para allá sin dar tiempo ni a ver el pueblo. Hay tantas curvas en tan poco espacio que ya no cabe ni una más. Dicen que van a desviar la carretera, pero los del pueblo se oponen porque, de esta manera, todos están obligados a pasar por medio del pueblo, y una gran mayoría a parar por los mareos de los ocupantes.

—Si nos quitan la carretera, esto se muere.

—Eso dicen. Llevarán razón.

Aún no has dejado de oír las voces de los viejos del lugar, y ya te metes en el cruce que te obliga a ir a Teruel. Qué remedio, si quieres comer y ver alguna cosa, es la mejor solución.

Como la excepción confirma la regla, uno esta vez sigue la excepción. Casi siempre, como norma en viaje rutinario, yo tiraba recto siguiendo el río Martín para pasar por Viver, Martín del Río hacia el puerto de Mínguez y Cosa, para rozar el pueblo de Bañón e ir a salir al cruce de Caminreal y allí coger la carretera de Valencia. Desde aquí ya se divisaban los confines de la provincia de Guadalajara y el Cerro de San Ginés, es decir, a cuatro pasos de casa.

Así que, puestos a confirmar la regla, y sin dudarlo ni un instante, nos metimos en el desfiladero y comenzamos a subir sin parar hasta llegar al pueblo de Utrillas.

De Utrillas se sabe desde tiempos inmemoriales. Yo, por lo menos, en la escuela estudié que había minas de carbón apenas me dieron la enciclopedia. De memoria me sabía las de plata de Hiendelaencina, las de oro de Rodalquilar, las de mercurio de Almadén, las de no sé qué de Río Tinto, las de carbón en Puertollano, las del Bierzo, Langreo, en León, etc., etc., y los altos hornos de Sagunto y Vizcaya.

Por lo menos eso decía la enciclopedia que yo estudié en la escuela. Tenía las cubiertas de color verde oliva y alrededor de unas doscientas cincuenta páginas con alguna que otra estampa y santos. Aún la tengo guardada por algún rincón.

La localización de los lugares siempre lo hacíamos de la misma manera. En un hule que tenía mi madre, puesto en la mesa de comer de la cocina, con el mapa de España y con casi todos los pueblos, sobre todo los cabezas de partido y los más importantes. En aquel hule aprendí yo más geografía que en todos los años que fui a la escuela.

El pueblo que tenía el círculo y el nombre más grande de todo el hule era un tal Gavà. Mucho más grande que Madrid y Barcelona juntos. Luego me enteré que era debido a que en aquel lugar estaba la fábrica donde hacían los hules.

En menos de cinco minutos que nos costó cruzar el pueblo, me di cuenta de que el carbón lo inundaba todo. Montones de escoria y polvo por todos los lados que dificultaban la visibilidad y hasta la respiración. Los vecinos, tan contentos de dicha circunstancia y agradecidos del nivel de vida que podían llevar con respecto a otros pueblos de la comarca.

A decir verdad, hoy, pasadas unas décadas, se acabó el carbón por su rentabilidad, y como compensación a la falta de kilovatios, les han enjaretao un parque eólico para que les alegre la vista, un museo del carbón y, encima, unos molinetes de color blanco hueso.

Y a todo esto, ya no es en Utrillas, sino en la vecina Escucha.

Visto con buenos ojos, el lugar es más que acertado, porque cuando terminas de subir el puerto de Sant Just, el aire sopla llevando el coche en volandas. Por esta zona, la altura ya es considerable, y con unos costerones tan erosionados que terminan en largas lomas. Supongo que lo único que debe de andar por aquí son los atajos de ganado, porque por lo demás no se ve ni se presume otra cosa.

En principio, todo iba bien; llegamos a final de puerto sin naufragar. La nieve asomaba por los puntales sin preocuparnos demasiado, y más con el solecillo que campaba a sus anchas por el azul cielo. La única preocupación, por el momento, era el puchero.

Bajamos embalaos hasta Perales de Alfambra, donde nos saltamos un restaurante de comida por exceso de velocidad. En realidad, yo me hice el despistado y esquivé el cartel y todos los camiones que había al lado de la carretera. Por aquí se volvían a ver indicios de civilización, y se daba a presumir que Teruel no rondaba lejos.

Al viajero, entiéndase el conductor, el estómago ya le hace cosquillas, pero prefiere que sea el acompañante el que proteste, que para eso hace de paquete todo el viaje.

Volví a acelerar…

—Que te pasas.

—Ahí va, pues es verdad.

Como el que se siente culpable y se ha equivocado, dejé de acelerar, y el coche siguió su rumbo sin advertir que hubiera pie que frenara.

—Frena.

—Que aquí no puedo, está prohibido girar.

—Pues en cuanto puedas.

Yo no podía porque no quería, y cuando quise querer fue en un cartel que ponía el desvío de Teruel a cinco kilómetros. Y puestos al caso, ¿para qué retroceder?

—Bueno, si comemos en Teruel, luego nos damos una vuelta.

—Pa lo que hay que ver.

—Es igual.

—¿Como no sean los Amantes?

En realidad, a Teruel bajo tantas veces al año que está más visto que el tebeo. Y por ver, seguro que, como a mí, les pasa a la mayoría: está todo requetevisto.

—¿Y qué hay que ver?

Por aparecer y a simple vista, tres torres mudéjares que son orgullo y exclusividad de toda España, un viaducto de piedra medieval donde más de un turolense, tienta a medir su altura, un mausoleo de enamorados donde tienes que ir, aunque no quieras y que, de paso, te dan el timo de la estampita. Ya lo dice el refrán: tonta ella y tonto él.

A mí, personalmente, me gusta todo, pero en especial destacaría la plaza del Torico y sus famosas "delicias de Teruel". El Torico es una estatua que está en medio de la plaza, pero que, a no ser que alguien se digne a señalarlo con el dedo, no te enteras, y las delicias son para tocarlas, saborearlas y comerlas.

Yo, que no sabía de unas y que no daba con el otro, el día que los descubrí, me aposenté en uno de los porches de la plaza y degusté con mis cinco sentidos lo que hasta ahora me era desconocido. Con las veces que llevaba bajando a Teruel e ignorante de mí, lo que se llega a aprender con el tiempo.

Mientras degustaba mis delicias, debí mirar al Torico por lo menos veinte veces, y cada vez me parecía más pequeño. Cuando me sacaron el segundo plato con media docena de costillas de ternasco, lo menos volví a mirarlo otras tantas veces.

A veces, cosas tan insignificantes se hacen grandiosas, y no solo lo digo por la pequeñez del Torico, sino por la exquisitez de unas simples costillas de cordero. Solo por eso vale la pena bajar a Teruel.

Lo de las delicias no te lo cuento. Eso es punto y aparte. Casi que mejor que te pierdas y lo compruebes in situ.

Estaba yo tan a gusto recostado en la silla mirando el Torico, cuando se acerca el camarero y me pregunta:

—¿Van ustedes a tomar café?

—Café, copa y puro.

Que digo, que hago, pero si yo ni bebo ni fumo. Con lo bien que se estaba, había perdido el conocimiento.

Un servidor pide disculpas, paga y ahueca el ala.

Salimos a dar la vuelta por el centro con el cuello del chaquetón vuelto hacia arriba, y eso que el sol se dejaba caer sobre los tejados, animando a los gorriones a juguetear entre los alerones de madera de los edificios. Nos perdimos por los angostos callejones que forma el núcleo viejo de la ciudad hasta salir al viaducto nuevo. El frío ambiente nos recordaba que estábamos en el invierno y que el sol se escapa sin avisar a más de paso.

La vuelta la dimos en unos treinta minutos. Como era cuestión de ver algo y no perder el tiempo en colas, no tuvimos más remedio que tirar de vista y olvidarnos de lo tradicional. Lo de los Amantes, para otro día. La tontería de los enamorados estaba valorada en cincuenta pesetas, sin tener en cuenta el timo de la estampita.

Uno, que ya ha tenido que entrar en varias ocasiones por obligaciones de acompañamiento de amigos, ya se sabe de memoria la historia de los muertos y hasta los dientes que tiene cada calavera. Que el amante se fue a la guerra (ay, qué pena) y no volvía, y eso que la amante lo quería (ay, qué penita) y no le dejaban. Total, que como no fueron felices, no se pudieron comer las perdices y no se pudieron dar con los huesos en las narices. Y, para colmo de penas, van y se mueren de desesperación a la vez y bien juntitos.

Y colorín colorado, este cuento se ha acabado.

Cuando quisimos darnos cuenta, el sol ya estaba agonizando. Las únicas que podían disfrutar de él eran las torres mudéjares de San Salvador, San Martín y la Catedral, destellando con orgullo sus baldosines verde turquesa y sus filigranas de vidrio mermelada.

El frío por el callejón ya se dejaba caer desde las orejas a los pies.

Si no hubiera sido porque la noche se nos iba a echar encima y teníamos algo de prisa por llegar al pueblo, hubiéramos subido a la torre de San Salvador. Aquí, la estampita vale veinte pesetas, pero da derecho a ver Teruel desde el aire a vista de pájaro y hasta pedir un deseo que tengas sin cumplir; sin embargo, te prohíben tocar las campanas, sacar fotografías, prohibido fumar, filmar, escupir y tocar.

En realidad, casi no vale la pena subir, a no ser que encima te paguen por subir un montón de escaleras empinadas y con los peldaños más bien poco acompasados.

Y hablando de Teruel y de su torre, aún recuerdo la última vez que estuve con unos amigos catalanes que no paraban de sacar fotos. En el primer piso, yo a ellos; en el segundo, ellos a mí; en el tercero, todos juntos; y en el cuarto, cada cual las que quiso. Ya estábamos en la tronera y el campanario.

Arriba nos encontramos con unas cuantas parejas que no respetaban ni una sola norma. Cosa más que lógica, por otra parte, ya que, en estas circunstancias de prohibiciones, lo mejor es no avisar y así nadie se entera de lo que no hay que hacer. Allí, todo quisqui tocaba las campanas y formulaba sus deseos en silencio. Según dicen, es cosa tradicional y, además, se cumplen.

Mis amigos se apuntaron al asunto sin querer revelarme su petición en voz alta. Dicho lo dicho…

—¿Ya habéis cumplido vuestro deseo?

—Sí.

Lo que no llegaron a saber mis amigos es que, cuando íbamos a coger las escaleras para bajar, un servidor tocó la campana y deshizo el deseo con su nueva petición:

—Que no se cumpla nada de lo anterior.

Y sigo…

Volviendo a la actualidad, nos pusimos en ruta en el momento adecuado. Un servidor ya se cuida de calcular la hora en que ha de llegar al pueblo. Al anochecer, la entrada al pueblo por la parte sur es mucho más agradecida, sobre todo con la luminosidad de las farolas y la estampa de postal que nos ofrece.

El tinglado de señales que te encuentras al salir de Teruel es tan morrocotudo que, al final, no sabes ni cuál coger. Los carteles de Madrid, Zaragoza, Cuenca y Valencia se repiten por cualquier lado, y al final lo mejor es tirar recto. La conclusión que sacas es que todas van a parar al mismo lado, tires por donde tires.

Si hubiera sido otro tiempo y otra hora, seguro que me hubiera inclinado por coger el desvío del pantano de San Blas, a pocos kilómetros de la salida y situado en el río Guadalaviar. Un bañito, un paseo en barca y a disfrutar.

Digo que está en el Guadalaviar porque algunos quieren que esté en el Turia. En realidad, el río Turia oficialmente empieza en la confluencia del Alfambra y el Guadalaviar en la ciudad de Teruel. Puede que Turia dé más nombre, pero si hablamos de agua, eso lo lleva el Guadalaviar.

En verdad, cuando digo pantano de San Blas, me refiero al embalse del Arquillo. Su desconocimiento no impide el poder pasar un rato pescando algún lucio o barbo, o sentarse un rato a pensar en las musarañas. Hasta a los más andarines les invitaría a que hicieran la ruta que sale del pueblo hasta la presa; seguro que no lo olvidan.

Yo ya lo único que pensaba era llegar al pueblo, así que seguí recto por la carretera general, aguantando la cola de camiones por los aledaños del polígono industrial y hasta la localidad de Cella. Aquí deberíamos haber visitado su pozo artesiano, pero eso será para otra vez.

Al llegar a la plaza de toros, torcimos a la izquierda en dirección a Bronchales. Por aquí nos quedamos más solos que las lomas de ganao, incluso nos extrañamos de tropezarnos con un coche, cosa rara, cuando lo normal es que sean los ciervos los que caminen a sus anchas y, a veces, hasta se ponen haciendo auto-stop.

La luna ya andaba medio escondida entre los nublos, a expensas de poder iluminar la noche. Al fondo de las lomas se vislumbraba la Sierra del Tremedal, pintada de blanco nieve y con una tenue luz que indicaba el lugar de su ermita.

Yo pensaba…

—Mira que si cogemos nieve por el Pinillo.

El error fue mío. En invierno, lo normal es que el acceso al pueblo sea por la zona de Monreal del Campo, donde la carretera te garantiza su viabilidad, y la subida al pueblo siempre es con más garantías.

Ya no había remedio. Le di ciberina al coche para que no tuviera tiempo de ver la nieve que había por la cuneta. Tras pasar las curvas de sabinas, nos aparecieron las farolas de Monterde. No vimos nadie, ni gatos, ni perros; solo unas chimeneas echando humo sobre los tejados y una luz en una nave de ganado.

Apenas unos minutos, y enseguida aparecieron las luces de Bronchales y de Orihuela; habíamos subido el puerto, y todo seguía blanco. Un panel nos indicaba: «Bronchales 1500». Yo pensé: ¿Será que es la distancia del pueblo o la altitud? Da igual, puede que sean las dos cosas.

Para qué engañarnos, la carretera estaba más limpia que un jaspe. De siempre, en la zona de Teruel, las quitanieves funcionan con más esmero que en CLM. De Bronchales a Orihuela, un solo coche con matrícula de Valencia; hasta Alustante, uno de Guadalajara. Yo seguí pensando en cómo pasar por la pista.

Por aquí yo me muevo como pez en la nieve; el coche ya se lo sabía de memoria. Hasta Adobes, nos encontramos un conejo en los huertos de Alustante, dos liebres en los

Llanos, otra en las piedras de los Barrenos y menos nieve de la esperada. Todo salió perfecto y bien.

El panorama era de un lunar exquisito. Los continuos baches de la pista de tierra nos obligaban a zigzaguear de lado a lado, haciendo que los rebollos y los pinos se asustaran con las luces de los faros y convirtiendo el coche en juguetón y retozón. Íbamos tan despacio que el coche pensaba que estábamos cruzando algún pueblo.

Yo abrí la ventanilla un par de dedos por ver la brisa que soplaba y la cerré a más de paso. El frío y gélido aire hizo que me despistara con el volante y que me metiera en un charco, y los trozos de hielo salieron volando por los aires, hechos añicos.

El panorama no me preocupaba en absoluto, pero, visto cómo estaba el ambiente, me imaginaba cómo debía estar la casa al llegar y, sobre todo, la cama. Las sábanas debían estar esperando las bolsas de agua caliente para entrar en calor.

Cuando uno viene al pueblo por la zona sur, la vista es más que especial. En pleno pinar, ya ves asomar intermitentes las luces de las farolas, y cuando vas llegando a la Pinocha de Cerroscaballos, ya es de postal. Ya era cuestión de bajar despacio para evitar los accidentes, tan despacio que había veces que hasta los pinos nos adelantaban. Estando tan cerca, ya no valía la pena arriesgar.

Un último susto en la curva del vallejo del Pino el Diablo, y aparecimos en la Boca del Arenal, con todo el pueblo iluminado por su treintena de farolas y con el resplandor de la blanca nieve.

¿Quién iba a esperar que, con el frío que hacía, se le ocurriera salir una liebre a la altura de la Ermita? Se puso delante y no se iba.

—Mira que…

—Ni lo intentes.

—Si no fuera porque hay hielo en la carretera, le daba un susto.

—El susto se lo llevará el coche si lo intentas.

—¿Seguro?

—Pues quieto.

Unos carriles sobre la cuneta evidenciaban que algún otro coche había perdido la compostura sobre la nieve y se había salido fuera. El mínimo despiste te la juega, aunque sea en las inmediaciones de casa.

Apenas unas cuantas casas tenían luces. Las que más llamaban la atención eran las del Portalillo y las de las troneras de la Iglesia; eso era señal de que en el bar debía haber alguna persona.

—Qué bien, podremos hacer un cafetito caliente.

Por la hora que era, la regente del bar, llamada Manoli, debía tener la estufa encendida para poder sobrevivir a tan bajas temperaturas. Seguro que los ladridos de los perros ya le han avisado de la presencia de nuevos moradores. Por pensar algo, seguro que estarán echando la partida de guiñote para pasar el rato.

Seguro que nos esperan. De hecho, ya estaban avisados de que la intención era llegar hoy, aunque, vista la situación de la carretera, no hubiera estado de más haberlo aplazado.

La noche era tan fría que no apetecía ni salir del coche. Abrimos la puerta y se nos cortó la respiración.

—¿Salimos o no?

—Qué remedio nos queda.

—A la una, a las dos, y a las tres.

—Vamos.

Ni cinco segundos tardamos en llegar al bar. No dimos tiempo a que el frío llegara a las orejas. Vamos, que pasamos por delante de la puerta de la iglesia sin intención ni siquiera de persignarnos.

Entramos en el bar y no dimos ni las buenas noches hasta que no entramos en calor con la estufa. Enseguida nos recompusimos del frío y nos sentamos alrededor de la mesa. Estábamos tan calentitos que ahora, ¿quién era el majo que arrancaba a casa?

—Pero ¿habéis dejado la estufa encendida?

—No hemos abierto ni la puerta de casa.

—Pues estará suave.

—Me voy.

Arranqué de golpe, sin mediar palabra, directo a casa a encender la lumbre. Menos mal que uno es previsor y deja las cosas preparadas para cuando toca volver. Unos cándalos y unas teas fueron suficientes para emprender la fogata.

El hielo empezaba a cascar de lo lindo, y la noche prometía frío a raudales; seguro que la helada va a ser de campeonato.

Volví al bar para dar tiempo a que la casa se fuera calentando. En el bar ya estaban esperando para que un servidor echara su partida de rigor con un gin-tonic de sobremesa. Tras entrar en calor, todo ya era coser y cantar.

El reloj iba desgranando las horas; las partidas de guiñote estaban ya más que ventiladas; los comentarios de novedades ya estaban saldados; echar un trago de más estaba de sobras; todo ya era cuestión de ahuecar el ala e irse a dormir.

—Con lo agustito que se está aquí ahora.

—Entonces, ¿qué…?

—Pues…

—A la una, a las dos, y a las tres.

Ni diez segundos nos costó el volver a casa. En menos de diez minutos, estábamos acurrucados sobre la lumbre y, casi a la par, tiritando y buscando la bolsa de agua caliente en la cama. Son costumbres que uno tiene de siempre, y más en invierno.

A un servidor, que le gusta más la nieve que vivir, ya se encargó de dejar las persianas levantadas para poder disfrutar al amanecer de la vista desde la ventana.

Uno balbucea unas palabras y se duerme como un lirón.

Era el treinta y uno de diciembre.

Me desperté en la cama asomando las orejillas como un conejo en la madriguera. Los ramos de hielo de los cristales dejaban entrar los rayos del sol en la habitación, haciendo mil filigranas. Se estaba tan calentito en la cama que apetecía seguir un rato más.

En realidad, un servidor está acostumbrado a madrugar y ver salir el sol siempre, y hasta ponerse la luna, pero, fuera de las obligaciones laborales y estando de vacaciones en el pueblo, uno se toma una pequeña licencia y se da media vuelta y esconde las orejas entre las sábanas.

Tras perder el conocimiento por un rato, me levanté, me acerqué a la ventana y me vestí. Hubiera abierto la ventana de la habitación para cumplir mis deseos de ver abrir el día, pero me resistí unos instantes y me fui a la ventana del comedor para, desde allí, mejor poder divisar todo el entorno del paisaje.

El fin del mundo nunca viene de unos segundos, aunque el frío, cuando es extremo, te lleva a pensar dónde está el límite de sufrimiento de la persona humana. Yo siempre he pensado que la muerte siempre será más ligera muriendo helado que asao, y que, llegando al extremo máximo, una persona helada queda con un rictus casi natural, mientras que de un asao no queda ni estepencia.

(Vaya lío en el que me he metido, olvida lo dicho).

Con la ropa abruduña y con los cuatro pelos desvadijaos, me acerqué a la ventana y la abrí de par en par. Mis ojos casi se cegaron; imposible ver un día más radiante de sol. El blanco manto de nieve se desparramaba hasta el infinito de la vista, manoseado por una brisa de color dorado y adormecido bajo un cielo azul turquesa.

Si esta situación de frío y nieve se ve por muchos ojos como el fin del mundo y una zona impropia para vivir, que venga Dios y lo vea, y que cure de la ceguera a todos aquellos que no saben ver la naturaleza en su expresión más espléndida.

Que, si ha de suceder en alguna parte, que sea aquí.

Razón tenía yo cuando salí botando de la ciudad. Por unos instantes, me estaban entrando ganas de llamar a la

Cuca e irnos a dar una vuelta al campo. Por ella no hubiera quedado, y por mí tampoco, pero bien sabíamos los dos que salir a cazar con nieve está prohibido y, como tal, lo aceptamos. En este caso, mejor será que lo haga yo solo.

A través de los cristales, el hielo seguía brillando como diamantes recién tallados en mil filigranas. Yo cerré la ventana, encendí de nuevo la estufa, me puse el pasamontañas y los guantes, y salí a la calle a ver el espectáculo.

Solo miraba.

Era más que suficiente.

¿Para qué más?

El silencio era tal que hasta mis pasos se avergonzaban del ruido que hacían al andar. Unas urracas que jugueteaban por los árboles y las calzadas del transformador lo hacían con tal alboroto que parecía que estaban celebrando una gran fiesta de invierno. No muy lejos, unos gorriones las observaban aposentados en los agujeros de la bocatejas.

La nieve era demasiada para apartarse del pueblo, y las cachuscas no podían evitar que la nieve entrara hasta los calcetines. La chimenea de casa había dejado de echar humo, y me di cuenta de que lo apropiado era regresar de nuevo al hogar.

A la vuelta, ya había un par de chimeneas que avisaban que la gente seguía viva. Yo hasta llegué a pensar que, dada la temporada y la temperatura apropiada, no sería de extrañar que incluso se estuviera preparando alguna matanza del cerdo.

Apenas entrar en casa, me dieron ganas de poner la radio por ver qué noticias daban sobre la nieve. Seguro que anunciaban que estaba llegando el fin del mundo en muchos lugares y que muchos pueblos estaban incomunicados y sin los servicios básicos. En realidad, un servidor prefiere quedarse como está, que estoy muy a gustito. En la tele siguen metiendo miedo y asustando a los que pretenden salir a la carretera.

Uno pasa el rato entre que vuelve a encender la estufa y toma un café calentito, se vuelve a calzar de nuevo los aperos correspondientes y vuelve a salir a la calle medio agitado por ver si amanece alguien con quien hablar.

De momento, ya eran cinco las chimeneas que vociferaban sobre los tejados con sus elegantes chufarreras. La vida resucitaba y se elevaba hacia el cielo con alegría. Unos perros reclamaban su presencia ladrando y esperando que sus dueños se decidieran a salir a la calle.

Yo me preguntaba…

—Con el día que hace y lo que cuesta salir del catre… ¿Debe ser que prefieren morir en la cama?

Me había dado la vuelta por la Callalante, por el Portalillo, por el Tiro Barra, por el Castillo, y nada de nada. Un par de gatos en el arbollón de la casa del Castillo, un perro que ladraba en los pajares de las eras, y las urracas que seguían danzando de pared en pared hasta los tejados de las casas.

Volví a pisar mis propias pisadas.

La dehesa y el pinar estaban hipnotizantes, radiantes, relucientes. Me daban ganas de volver a llamar a la Cuca y largarme a dar una vuelta. Justo cuando la tentación me asfixiaba, una tos me distrajo…

—¿Quién será?

—Buenos días.

—Buenos, frescos y sanos, no cabe duda.

—¿Has oído lo del terremoto?

—Dicen que ha sido muchísimo grande.

—Según cuentan, hay muchísimos muertos.

—No sé dónde vamos a llegar.

—Al fin del mundo.

—Buaaa, hasta que llegue aquí…

Pasaban los minutos. El sol campaba a sus anchas por el cielo, y cuanto más se elevaba, más chuleaba orgulloso en lo alto del firmamento. La nieve empezaba a derretirse como la mantequilla sobre las losas de piedra de la calleja. La Cuca no paraba de dar vueltas alrededor de la puerta por ver si yo asomaba la jeta y me decidía a salir.

Era seguro que, cuanto más avanzara el día, menos posibilidades había de que llegara el fin de las especies. Aquí, las cosas son como son, y como tal se asumen y se disfrutan. El frío, la nieve y el hielo son fenómenos naturales, y como tal hay que asumirlos.

Yo tenía comprometida la matanza del cerdo por estas fechas con mi primo Cosme, que vivía allende en los Monreales, pero preferí dejar que la nieve se fuera de la carretera y que pasaran las campanadas de medianoche, por si acaso. Total, por unas horas más ya no importaba; la carne estaba comprometida y preparada para subirla al pueblo.

Uno puede tener sus supersticiones, creer o no creer, pensar una cosa u otra, que el día podía ser mejor o peor, que en algunos sitios las estarían pasando putas, que en la mayoría de sitios ya habían hecho la matanza, que el tiempo para curarse los jamones y los chorizos no podía ser mejor, que luego hay que hacer el frito y meterlo en las tinajillas, que si pitos y flautas, que…, que mejor darle cuerda a la cosa, que, como dice el refrán: «¿Cuánto corre un gorrino atado?», pues eso, que, como ya estaba atado y bien atado, el cochino ya está sentenciado.

Mientras yo hacía mis cábalas, suena el teléfono. La Cuca ladra al oírlo y me alerta para que vaya a cogerlo.

Mi primo Cosme me comunica que los cerdos ya los tienen preparados para matarlos.

—Pues que no les den más cuerdas, adelante con la operación.

—¿Qué haces, que si uno o dos?

—Coñe, pues dos, mejor que sobre que no falte.

—A la tarde ya estarán preparados para recoger.

Yo estaba con el tío Enedino en la Callalante mirando el panorama. La tía Petra, al oír las voces, abrió la ventana de la alcoba y asomó la cabeza a que le diera el sol.

—¿Qué si hacéis la matanza mañana?

—Eso parece, por lo menos los cerdos ya están listos.

—Si el tiempo sigue así, hace bueno.

—Dios quiera…

—Nosotros tendremos que hacer también un pensamiento.

—Según la televisión, el tiempo está de parte.

—Sí, pero no os descuidéis, que no te puedes fiar.

—Que al final cada año pasa lo mismo; cuando te quieres dar cuenta, se pasa el tiempo del frito.

—Pues a volver otra vez a la semana siguiente.

—¿Y lo rico que está?

—Si no fuera por eso, ¿cómo se iba a aguantar la primavera y el verano?

—Los chavales se pirrian por unas chichas de frito.

—La tinajilla en Barcelona dura menos que el viaje de llevarla.

—Y aquí pasa igual.

—Lógico, para eso está.

—Y más si tienes algún compromiso.

—Ya, pero de eso los menos.

—El que quiera que se lo haga.

—Muchos vienen pensando en eso.

—Pues que piensen.

—Eso, que piensen.

De pronto, el reloj de la iglesia dio una campanada sin venir a cuento.

—¿Qué hora es?

—Las once menos diez.

—Este reloj va como la chora, careto.

—Para mí que lo trajeron de la ciudad y no se acostumbra a los aires de este pueblo.

Sin mediar minutos que lo justificaran, suelta dos campanadas más. Un perro que andaba por la cuesta se le queda mirando y le suelta un par de ladri-

dos. La Cuca se queda mirando sin entender nada.
—Vaya susto que nos ha dado.

Como el que no lo espera, aparece el fantasma de la Toñi con un batín azul ahumado, con una retahíla de perros y de gatos dando ladrillos y maullando unos trozos de salchichas a los que están habituados a la misma hora cada mañana.

Uno no les pega una patá en el culo (a los perros, claro está) por no poner de malos humos a la señora (el humo ya lo lleva a perpetuidad en forma de cigarrillo de tabaco), porque merecerlas hace tiempo que las tienen más que ganadas por la algarabía que montan en cuanto abre la puerta de la calle.

Lo que esta mañana parecía en el callejón una alfombra de nieve, ahora se había convertido en un piazo recién comido por un atajo de ovejas. El día cada vez levantaba más y mejor, y la vida en el pueblo empezaba a resucitar con todo bicho viviente.

La tía Petra volvió a asomarse a la puerta de la calle para ver cómo iba el sol. Su intención no era otra que tender la ropa que tenía en la lavadora a punto de tender. Una vez comprobado, se apresuró para aprovechar el solecito reinante. Enedino se fue a dar un paseo a ver las trufas.

La Toñi se fue a dar media vuelta hacia el Cerro con los perros a ver si hacían sus necesidades.

Yo me di media vuelta y me fui a abrir la puerta de la cuadra para que entrara el sol. La Cuca se quedó en la jardinera con el morro lleno de tierra.

Y es que uno se acostumbra a ir al pueblo cuando se supone que no hay gente o cuando sabe que ya se han tenido que marchar. En cualquier caso, cuando la tranquilidad se convierte en libertad y en sosiego, lejos de los ajetreos y fariseísmo que trae la civilización de las ciudades. Uno, por convicción, siempre se las ingenia para poder guardarse medias vacaciones para la época de Navidades.

Otro cualquiera puede que no le dé tal importancia, pero un servidor ha comprobado que empezar el año con aires nuevos y puros de los que hay por aquí da vitalidad y fuerzas para seguir en el tajo rutinario de la gran ciudad.

Alejarse del mundanal ruido nos brinda la posibilidad de buscar la libertad de espíritu, conocerse y reconocerse a sí mismo como persona, y revivir los sentimientos más elementales y ancestrales del ser humano. Ser uno mismo sin engañifas de ninguna clase.

Yo estaba a gusto. Solo en la calleja del solano, tomando el sol y viendo caer las canaleras a chorriones y los gorriones picoteando en los pocos claros que se abren en la nieve. Algunas sábanas tendidas por la solana entre puertas y ventanas se salvaban milagrosamente rozando las gotas de agua.

Uno siente pena de que el sol corra tanto, de que la sombra te alcance y se alargue sin piedad, de que el día dure tan poco. Por gustar, que el día de principio de milenio no se acabara nunca, que no pudiera llegar el fin del mundo nunca, que días así fueran eternos, que uno fuera feliz cada día, que todo fuera mejor, mejor todavía.

Yo me preguntaba…

—¿Qué dices?

Si un día me buscas y no me encuentras, no lo dudes, tú sabes dónde encontrarme. Yo soy de tierra adentro; tú lo sabes.

Que por encontrarme… de sobras lo sabes.

El sol cambió de sitio en un periquete, lo que tardé en comerme unos huevos fritos con tomate. En el sofá siempre daba el sol cuando tenía la costumbre de tomar el café, y a poco que me descuidara, se escapaba por los cristales de la ventana camino de la dehesa. La morriña siempre la comenzaba con sol y la acababa mirando el horizonte del pinar con un dorado radiante.

Cuando desperté, me di cuenta de que la estufa estaba medio apurada, y eso que mi siesta era de media docena de cabezadas y de un café de veinte minutos. Encima, los platos todavía estaban sin fregar, cosa que no habituaba a hacer.

Un par de sorbos de café apoyado en la ventana me dijeron que lo mejor que podía hacer era ir a por leña para atizar el fuego y salir a la calle a disfrutar del poco sol que quedaba. En la mesa quedaban unas pizcas de turrón que no eran santo de mi devoción.

Cuando bajé a la cuadra y salí al solano, me di cuenta de que el sol corría que se las pelaba y que las sábanas, más que secas, estaban aireadas con una brisa de viento fresco. Yo pensaba: día de sol, noche de escarcha. Mejor dar la vuelta cuanto antes, que enseguida que baje el sol empieza a helar de nuevo.

Me puse la pelliza y el pasamontañas y me fui hacia el Cañuelo a por un botijo de agua. Me paré en el Pairón por rutina sin nada que mirar, me ladraron unos perros que había por los pajares esperando que bajaran a echarles de comer, me acerqué a la Colmenilla a pisar el hielo, volví a llenar el botijo y regresé por la carretera. El sol ya no esperaba; para cogerlo había que subir al Castillo o a la torre de la iglesia.

Cuando quise llegar al Castillo, ya no estaba. Miré hacia las campanas y nada. Ya había remontao por el Atajuelo,

Cerrosmolinos, la Pedriza y las Lomas; ya iba camino de Villar del Saz y Rodenas. Volví la cabeza al revés y ya había desaparecido por Valdecatalina.

Pues adiós.

El resplandor dorado que perduraba por el poniente evidenciaba bien a las claras que la noche sería fría y gélida.

Como no era cuestión de cambiar los hábitos de los anacoretas que habitábamos en el pueblo, nos juntamos sin querer en el bar a la misma hora de siempre a echar la partida de guiñote de costumbre. Éramos tan pocos que había que esperar a que todos cumplieran con sus obligaciones antes de tener que jugarse la honra y unos cacahuetes al azar de unos naipes. La honra en estos casos supera cualquier otra apuesta por estimulante que sea.

Yo, si quieres te cuento la partida como fue, pero como ya te lo conté en otra ocasión, no volveré a repetirla. Estábamos tan a gusto y tan calenticos que tuvimos que pedirle a Manoli que no le metiera más leña a la estufa. Estar en mangas de camisa jugando a las cartas con una temperatura en el Portalillo de cero grados es más que agradecer, y si encima en la televisión te dicen que están pasando muchismo frío en otros lugares más civilizados, aún es más gratificante.

Los cuatro gatos que estábamos sabíamos que con media docena de botellas de cava había más que suficiente para ponernos contentos y poder celebrar las uvas y la entrada del año nuevo. Todo era cuestión de abrir la ventana y sacar un par de minutos las botellas para que se enfriaran. El turrón estaba de sobras porque la mayoría o llevaban dentadura postiza o les faltaban la mitad de los dientes. Y puestos al caso… sobraban los dulces y almendrados.

El caso es que se nos echó encima la hora de cenar sin darnos cuenta. Todo por culpa de la honra y el calor de la estufa. Tuvimos que obligarnos entre nosotros para abandonar el local y hasta nos comprometimos a volver al bar a desearnos el nuevo año.

Que el frío pelaba, era evidente por la cantidad de chupones y carámbanos que colgaban de las canaleras de los tejados. Un pantalón olvidado en el tendedor estaba tan tieso que asustaba al verlo. Si llega a ser una persona, casca seguro.

El cielo estaba tan limpio y despejado que las estrellas salieron todas por la noche de golpe y no cabían de tan apretujadas que estaban por todo el firmamento.

Uno cena en compañía tan agusticamente al calor de la lumbre mientras picotea de los diferentes y variados platos que mi prima nos presenta con una generosidad inusitada. Uno habla, mira la televisión, comenta los desmanes de la vida; los otros hablan, miran y hasta deciden evitar la gula. Todos pensamos en que el año que viene sea al menos como el pasado, porque, estando a punto de cambiar de milenio, cualquier cosa puede pasar.

Las uvas ya estaban preparadas por docenas, esperando que el reloj de la Puerta del Sol diera las campanadas. El reloj corría que se las pelaba, la cena estaba más que liquidada y las botellas de champán al fresco esperando en las ventanas. Faltaban un par de anuncios para que todo se acabara y todo empezara.

Un servidor tenía programado haber hecho una propuesta a la gente para celebrar las uvas en el Portalillo con los toques del reloj de la iglesia, pero, en vista de que estaba programado con el calendario chino, se abstuvo de tal ocurrencia y se limitó a respetar la tradición de las de la Puerta del Sol.

Todos estábamos pendientes de la pantalla, a sabiendas de que, como cada año, nos íbamos a equivocar a la hora de empezar a tragar las uvas. Los locutores informaban por enésima vez la historia de los cuartos, las medias y lo demás. Todos lo sabíamos de memoria y ninguno se aclaraba; cuanto más lo repetían, menos aprendíamos.

—Que ya.

—Que no.

—Que sí.

—Que no.

Tammmm…

Aún no habían acabado de dar las campanadas de rigor, cuando alguno ya se había tragado las doce uvas. No más de quince segundos tardaron en salir volando los tapones de las botellas.

FELIZ AÑO 2000.

Cuando las copas estaban en todo lo alto brindando por el año nuevo, yo miré por la ventana al cielo y vi que el mundo seguía más vivo que nunca. De lo del fin del mundo, nada de nada.

Aquella noche dormí tan tranquilo que ni se sabe. Mi compromiso al día siguiente era madrugar, y así lo hice.

El día amaneció blanco, no tanto por la nieve sino por la helada que había dejado la fría noche. El sol salió por el mismo sitio de siempre y hasta con más fuerza de lo normal.

Los chupones de las canaleras permanecían gélidos y adormecidos como cristales tallados en la fábrica de Swarovski. Un par de gorriones tiritaban en la cumbrera del tejado, sin saber qué camino tomar.

Sin dudar en la decisión de salir, me puse la ropa en un santiamén para evitar perder el calor del cuerpo, unos palmotazos de agua en el aseo con la punta de los dedos para eliminar las legañas. El frío me hizo recordar que en la cama estaba la bolsa de agua caliente, así que volví a por ella y me dispuse a recomponer los cuatro pelos de la calva y los pocos del cogote.

La estufa del salón todavía conservaba las ascuas de la noche, y el puchero que acostumbraba a poner encima disimulaba el frío del ambiente que se apreciaba en la calle. Hubiera abierto la ventana para airear el comedor, pero, siendo precavido, mejor esperar a media mañana, no vaya a ser que se cuele la escarcha dentro. Bueno, digo la escarcha por no decir cualquier gato o hasta pájaro, con estas temperaturas cualquier rendija se aprovecha para disfrutar de un poco de calor. Rara es la ventana habitable del pueblo donde no haya dos o tres gatos guarnecidos al calorcillo de los salones de las casas.

Como el fin del mundo no había llegado, aproveché el nuevo milenio para darme una vuelta hasta el Espinar y, de paso, comprobar si alguna liebre se había movido de la cama. En cuanto se fuera un poco la nieve, mi primo Cosme y un servidor teníamos comprometidas un par de rabonas para condimentar la famosa salsa de la matanza que, por allende de la Serranía de Cuenca, lo llaman morteruelo.

De momento, no había rastro de nada. Miento, unas cuantas marcas de perro, zorra, de gato y de urraca, o algo parecido, y unas pisadas que no pasaban del Collado. Todo estaba tranquilo y solitario; el único ruido era el de mis botas al romper el hielo y pisar la nieve.

Por elegir el camino y por no seguir la ruta de siempre, casi que mejor coger el antiguo camino de Piqueras hasta las paideras y luego bajar por Vallejo Blasco hasta llegar a la fuente. De paso, uno se puede salir a los aliagares y comprobar el movimiento de los bichos.

El sol era apetecible, y el entorno estaba salpicado de carámbanos finísimos que adornaban las zarzas y las aliagas con zurcidos plateados y pinceladas de oro fino. La escarcha formaba una tupida alfombra de estrellas geométricas. Todo un espectáculo para la vista.

Uno va dejando las huellas con pasos parsimoniosos y cortos, temiendo que la nieve se metiera por las botas hasta los calcetines, va observando las frágiles pisadas de los pájaros en busca de unas pizcas de comida escondida entre las aliagas y las finas hierbas que asoman a escondiducas entre los copos de nieve.

Como nadie me molestaba, ni nadie me impedía pensar, yo llevaba entre ceja y ceja el tema de la matanza. Habíamos elegido el día de mañana, y no se podía aplazar, pues los cerdos estaban apalabrados y pagados, y no era cuestión de renunciar a ellos.

No es que el tiempo fuera ni bueno ni malo. Sabido es que lo mejor para curar las viandas y la conserva es que haga frío y, además, que sea seco y con hielo. Así que todo era perfecto, a excepción del exceso de nieve que incomoda el trabajo a realizar.

Andaba perdiendo y girando la vista por todo el contorno, observando la monotonía del paisaje y el poco movimiento de seres vivos. Las humaredas de las chimeneas eran la única pincelada de color que se difuminaba entre el lienzo blanquecino de nieve.

Todo fue como debía, y, tras reponer los pulmones de nuevo oxígeno, regresé de nuevo hacia el pueblo.

Por casa de Manoli ya andaban preparando toda clase de especias y cacharros para la matanza. Un servidor ya había abastecido de cebollas, ajos, azafranes y demás tinajillas en previsión de que la memoria no fuera responsable.

Siempre, cuando llegan estas fechas, hay un cierto nerviosismo por si no salieran las cosas bien. En pocos días se juega mucho, sobre todo en lo relacionado con la cura de chorizos y morcillas y todo el adobo hasta que llegue el día del frito. Una vez que toda la matanza está guardada en sus correspondientes tinajas, llega el momento de respirar y disfrutar de los restos que se guardan para pasar el resto de las vacaciones.

Nos quedaba pendiente, a mi primo y a mí, el cazar un par de liebres para hacer la salsa casera, tradición del pueblo. Tal vez hubiera que echar mano al congelador, donde había algunas piezas guardadas.

Como cada tarde-noche, nos juntamos en el bar a pasar el rato y repasar la lista de la compra para que no quedara nada en el olvido. En Monreal, por estas fechas, ya se preocupan de que no falte nada de lo necesario para hacer las matanzas.

Aquella noche nos despedimos hasta mañana.

Salimos a primeras horas de la mañana. Por estos pagos y en estas fechas, el decir "a primera hora" se supone tranquilamente ser las nueve más que pasadas, y, a decir verdad, una hora prudencial. El pueblo lo dejamos encantado con su hielo y sus chupones.

Íbamos tan despacio que casi flotábamos por la carretera. Todo era silencio, a excepción de los crujidos de las placas de hielo al romperse. El horizonte se preveía borroso, con una veta algodonosa de niebla que tapaba el carrascal de las Solanillas. Aquí, a la altura del Cañuelo, los cables de alta tensión de la luz estaban repletos de un ejército de tordos negros, dispuestos a explotar en cuanto nos acercáramos un poco más de la cuenta.

El coche seguía gruñendo constantemente sin parar, a pesar de que yo intentaba guiarlo por el sitio más adecuado. Los acompañantes se fiaban menos del coche que de mí, que ya es decir.

Con la espantá de los tordos, el coche se asustó y casi se sale de la carretera en la bajada de la cuesta del Cañuelo. Yo hice lo que pude, y el coche recondujo la ruta. Los tordos se dieron media vuelta y se fueron hacia la Colmenilla. Mal lo tenían si querían beber agua, porque la Colmenilla brillaba como si la hubieran barnizado. Mal asunto para hincar el pico en el hielo.

Poco a poco fuimos poniéndonos de acuerdo el coche y yo, aunque él seguía gruñendo de vez en cuando. Mis acompañantes no llegaban a fiarse del todo, y eso que sabían desde hace tiempo que un servidor es más que experto en el andar por la nieve.

—Tranquilos, que en cuanto lleguemos al puntal de Ollalaropa ya es todo bajada hasta Tordellego.

—Pues aún peor.

—Lo malo es si cogemos niebla.

—Solo faltaba eso.

Yo sabía de sobras que, en cuanto repecháramos la loma del Cofadre, nos venía lo peor; nos íbamos a meter en las Olluelas, y allí el hielo y la nieve no respetan ni las cadenas. La cuestión era no asustar al personal demasiado y tranquilizar lo más posible.

Uno sabe que, saliendo hacia abajo con coche y con nieve, cuando llega al cementerio de Tordellego, ya está salvo. De siempre ha sido así, y así lo dice la tradición y la razón.

Íbamos con cierta precaución, con las ventanillas entreabiertas para que no se empañaran los cristales y para que saliera el humo de los cigarrillos. Yo no lo veía, pero creo que alguno llevaba la mano en la cerradura por si había que salir en caso de accidente.

Nos salvamos de la niebla de chiripa; no estaba a más de cincuenta metros, y con el sol que hacía, nadie se explicaba por qué estaba allí. En realidad, era todo un espectáculo ver cómo se deslizaba por el vallejo de la umbría del Tallar.

Yo te lo cuento como lo vi. Yo de la vista ando bien, aunque hace unos tres meses me pusieron gafas. —Que conste que este impedimento no afecta a la conducción, pues solo son para ver de cerca y las letras chicas.

> Deslizaba la densa niebla
> su larga cola blanca
> vallejo abajo
> parsimoniosamente cansada.
> El sol asomaba en la loma

montado en la grupa de la jaca blanca

excitadamente alborozado

montado al trote, al galope

espoleando a la jaca sin inmutarla.

Asoman las carrascas sus astas

adormecidas en la solana

entre sábanas blancas

llorisqueando lágrimas de sudor

a la vera del enebro.

Trota la jaca blanca por el vallejo

jadeando en la hierba de escarcha

con aroma de espliego, gedrea y tollago.

El sol sigue tan campechano entre el erial y el piazo.

Una vez que llegamos a El Pobo, nos presentamos en Monreal del Campo en un periquete, y aun así llegamos tarde porque ya nos estaban esperando en el matadero.

En un momento, descuartizaron los cerdos en pedazos en presencia nuestra. Con el frío de la mañana y la refrigeración del matadero, por poco recogemos la matanza ya curada. La rapidez y la maña de los matarifes no nos dio tiempo ni a llorar la muerte de los animales.

Una vez tramitada toda la documentación pertinente y tras colocar toda la carne en el coche, volvimos a coger de nuevo las rectas de Pozuel con un solecillo más que apetecible. Al coche ya se le habían acabado las ganas de gruñir de la ida, y ahora subía tan contento como si fuera una funeraria cumpliendo con su deber de trasladar los cadáveres. A nosotros, el olor a carne y pelo chumascao nos olía a gloria, por no decir del resto de condimentos y aditivos necesarios para llevar a cabo con éxito todas las tareas de la matanza.

El día por estas fechas es tan corto que, a poco que te descuides con la hora de la comida, haces una merienda-cena. En realidad, lo único que nos preocupaba al llegar al pueblo era extender la carne y reavivar la lumbre para echar un bocao a la boca. Los perros del pueblo, como si hubieran hecho un pregón, acudieron todos a ver qué acontecía y a la espera de que se repartiera o se escapara alguna cosilla.

Como era cosa de hacer la cata, tiramos encima de la parrilla unos trozos de costillas falsas que las degustamos con unos tragos de vino de Cariñena, que además de peleón quita las penas. A todo esto, el sol se escapó por el puntal de Valdecatalina, y el agua que había en la calle ya comenzaba a helarse.

Con la noche ya encima y el frío apretando en los talones, nos encerramos en la cocina de campo que tiene mi primo en el garaje y le metimos a la chasca madera a toda marcha, preparando todos los artilugios que íbamos a necesitar al día siguiente. Unos vasos de café y de leche caliente y un porrón de vino no dejaron de hacer acto de presencia hasta que dimos de mano.

El olor debió llegar a las pocas casas habitables del pueblo, porque, pese al frío, la tía Pilar enseguida llegó como un fantasma.

Como maestra de ceremonias, enseguida instó a las presentes a auditar y recopilar toda clase de intendencia de botes con clavo, canela, pimientas, pimentones, tomillo y todos sus derivados. Unos servidores se dedicaron a mirar y acatar las órdenes de sus superioras.

—Sobre todo, que las maquinillas estén bien afiladas para picar la carne.

—Eso está hecho y más que preparado.

—Y los intestinos bien limpios y desalados.

—Por supuesto.

—Y la carne bien extendida, que no se encienda.

—Vaya, qué mandona ha venido.

—Caray, a ver si ahora se va a echar a perder la matanza.

Dada la hora de la noche, y tras dejar cada cosa en su sitio, echamos el último café y despedimos el día, yéndonos cada cual a su casa.

Aquella noche no hubo ni bar, ni partida de cartas, ni ná. Todos a dormir.

Cuando amaneció al día siguiente, había un escarchado de aúpa. El hielo era tal que, para bajar a casa de Cosme, hubo que ponerse cadenas en las botas y aprender de manera acelerada un cursillo de patinaje, y aun así, las liebres estaban al alcance de la mano.

Menos mal que el sol se empeñaba en calentar el ambiente y en derretir el hielo, y menos mal que no se congeló el agua de las tuberías, que si no, teníamos que aplazar los preparativos de la matanza. Y mal el menor, pues la lumbre ya llevaba encendida desde primeras horas de la mañana, y en la cocina se estaba de gloria.

—Venga, un café y empezamos.

—Venga.

Estábamos a punto de empezar cuando se nos presentó de nuevo la Pilar. Justo lo que estábamos esperando. Yo creo que o no se fiaba, o estaba deseando intervenir en el reparto y de protagonista.

A un servidor y a mi primo nos tocó darle a la maquinilla de picar la carne, a la vez que el resto iban haciendo jirones y mezclando las diversas partes del cerdo para que la masa del embutido quedara repartida y como recomendaban los cánones tradicionales del pueblo.

—Otro café y seguimos.

—Ni hablar, esto no puede parar hasta que se pique todo.

La maquinilla seguía gruñendo. Mientras nosotros íbamos llenando los barreños de picadura, ya empezaban a condimentar con la vigilancia de la señora Pilar, metiendo de vez en cuando el dedo y chupándoselo para certificar y dar el visto bueno para embuchar.

La Manoli y mi mujer, que llevaban varios años de carrera, pero sin sacar la licenciatura, sabían de sobras que era imprescindible que una vieja experta y doctorada les diera las últimas lecciones y las aleccionara para los próximos compromisos. (La Pilar, en ciertos momentos, se hace la vieja con tal de demostrar su experiencia).

Y vaya que le dio el toque; lo menos metió el dedo una docena de veces a los barreños, y cada vez añadía unos polvos más de inguentos. El dedo ya lo tenía colorado de tanto chupar; hasta un servidor tuvo que repetir la operación para darle la razón, y no por cortesía, sino porque realmente la masa ya estaba más que buena, y eso que estaba cruda.

—Ahora hay que asar un poco en la lumbre para ver el sabor.

—Pues asar.

—A la lumbre que va.

Mientras se iba asando la mezcla del barreño, un servidor aprovechó para pegar un par de sorbos al vaso de café, mientras mi primo le pegaba un trago al porrón de vino. Las profesoras seguían pendientes de la lumbre y de la carne.

—Ya está.

—Pues a probar.

Cuatro segundos, unos soplos a los pellizcos de carne para no quemarse y unos segundos más de degustación.

—¿Qué os parece?

—Muy bueno.

—Pues ahora a taparlo con unos trapos y a dejarlo reposar hasta mañana para que se enfríe.

Pues a descansar… y pensar.

Por unos momentos, me di cuenta de que faltaba algo que, de chaval, no podía renunciar: la vejiga del cerdo. Debía tener unos seis o siete años, y con ella me hice la primera zambomba para acompañar los villancicos de Navidad. Mis abuelos Gonzalo y Francisca mataban al menos dos cochinos grandes como toros, y casi siempre me tocaba una vejiga por ser el nieto mayor.

En casa de mis abuelos, las matanzas las hacían como Dios manda. Para tal evento, se juntaba toda la familia, incluidos tíos y sobrinos, con varios días de celebración, por no decir una semana.

Mientras mi abuela ya tenía señaladas las gallinas y los pollos a los que les iba a retorcer el pescuezo, mi abuelo ya tenía más que sentenciada la oveja que iba a ir al patíbulo. Mi padre y mis tíos ya tenían en la cámara unas cuantas liebres y conejos despellejados para hacer una buena paella de arroz o un buen estofado.

Antes de salir el sol, ya echaba humo la chimenea como si se estuviera quemando el tejado; el resplandor de la lumbre se veía por la ventana de la cocina; las trébedes y la plancha estaban más coloradas que los tomates, y el agua de la caldereta de cobre bullía dando saltos de alegría.

Con los meses que llevaban cebando los cochinos, parecía que el día no iba a llegar nunca.

Y llegó.

Todos de la familia fueron pocos para obligar a los cerdos de la zahúrda y llevarlos hasta el portal, donde se iba a celebrar el sacrificio. Al final, tuvo que ser la abuela la que, con cebo de engaño, lograra que pudieran echarle mano y poder atarlo. Bien sabían los cochinos que su vida estaba al lado del gamellón y no más allá del umbral de la puerta de la cuadra.

Yo, que era un **esbirriao** de chaval, en cuanto vi semejante **tentible** de cuchillos en el portal, me escondí en el hueco de la escalera que subía a la cámara, por miedo a que me mordiera semejante bicharraco y por los gruñidos de desesperación que chillaba. Mi abuela, como el resto de las mujeres, esperaban impacientes en el portal con los pucheros en la mano para recoger la sangre del cerdo que, luego más tarde, aprovecharían para hacer las morcillas.

La suerte estaba más que echada.

La condición para que yo me hiciera con la vejiga del cerdo era que tenía que sujetarlo del rabo cuando lo fueran a sacrificar. Yo, que estaba tan asustao que casi me cagaba de miedo, lo único que me consolaba era que el ejército ejecutor constaba de media docena de matarifes y, además, profesionales de muchos años. Era seguro que no se iba a escapar, y más si ya lo sacaban **trabao** desde la zahúrda.

Cerré los ojos y me tapé los oídos al primer **guarrio** que sentí. Fue tan grande que se debió oír por todo el vecindario. Yo no había visto nunca una muerte tan brutal en vivo, y eso que yo estaba en la parte de atrás y con la cabeza vuelta a la pared, pero la agonía desesperada de cómo se le va la vida y el traqueteo de la rasera al remover la sangre en el puchero me dejó más que impactado.

Quiero pensar que eso no solo era tradición familiar, sino necesidad imperiosa de supervivencia.

En unos minutos, el portal se quedó en silencio por momentos. Yo no pude renunciar a mirar por una rendija de la puerta cómo el matarife limpiaba un enorme cuchillo lleno de sangre en la nalga del pantalón.

El cerdo ya permanecía estirado en la gamella, dando los últimos suspiros y dejando caer unas gotas de sangre de su garganchón, a esperas de que intervinieran los expertos en la autopsia del animal. Sin pensarlo un momento, yo me di media vuelta y me fui corriendo a la calle. El grupo de celebrantes estaban en la puerta de la calle, celebrando con unas copas de alcarreño y unas galletas el éxito de la matanza. Yo estaba tan asustao que me dieron ganas de irme del pueblo, y encima quedaba por matar el más gordo.

El sol seguía alumbrando el día. Los perros empezaron a arremolinarse alrededor de la casa, con el hocico en alto, en busca del olor de la chicha. El vecindario cantaba de alegría al escuchar la matanza que se estaba celebrando. Era el tiempo propicio para las celebraciones, y el pueblo era todo una fiesta.

Si hubieran sido otros tiempos y otras horas, un servidor hubiera cogido la Cuca y se hubiera marchado al monte a dar una vuelta y no ver lo antes vivido.

A un servidor hay cosas que no le gustaría contarlas por el dramatismo que entrañan, pero no deja de pensar que es ley de vida y hasta de comida, y como tal se asumen, que luego, cuando pasen los meses, nadie se acuerda y, por el contrario, bien que ve y degusta los chorizos, lomos, longanizas y demás viandas de conserva.

Cuando yo volví a casa de mi abuelo, debían ser las once de la mañana. El olor a chamusquina se podía percibir a cien metros de distancia. Del portal salía el humo como si estuvieran haciendo una fogata.

Intenté ver algo desde fuera. Entre el jaleo y el **estrapalicio** que tenían dentro, no vi nada. Yo permanecía a unos metros de distancia por aquello de si se escapaba el cochino después de muerto. El miedo gordo ya había pasado, y no me quería retirar muy lejos por si se acordaban de guardarme la vejiga.

Volví a intentarlo de nuevo, y tras unos instantes, a través del humo, pude ver cómo socarraban la piel del cerdo con aliagas para eliminar las cerdas y poder pelarlo y asearlo.

Mi abuela salió a tirar un balde de agua colorá por la sangre y, al verme, casi me obliga a entrar. Yo me quedé en el umbral de la puerta, viendo cómo los perros y gatos lamían el agua en busca de algún trozo de vísceras. El humo ya empezaba a dispersarse, y desde fuera me pareció ver los dos cerdos colgados boca abajo de la viga del zaguán.

Tras sacar la gamella a la calle, di por seguro que los animales ya estaban más que muertos. De la gamella ya no se podían escapar, que era lo que más temían por su fuerza y peso, cosa que ya había ocurrido más de una vez y que tenían que correr por las calles del pueblo para poder apoderarse y realizar la matanza.

Yo andaba con temeridad de entrar, pero una vez que la Pinchantas, la perra que tenían mis abuelos para su acompañamiento, se atrevió a acercarse a los cochinos y lamerles el morro, se me fueron todos los miedos y hasta llegué a tocarlos.

A todo esto, me acordaba de la Cuca. Ella no llegó a conocer cerdos de cuatro patas en el pueblo, ni tuvo la ocasión de vivir semejantes historias. En dos docenas de años, la vida de los pueblos había cambiado totalmente en sus costumbres. De hecho, no habían cambiado, desaparecieron con la huida de sus gentes a la ciudad.

Dentro de la casa, la trastienda no paraba; apenas quedaba sitio para poder acercarse a la lumbre a calentarse. Yo andaba medio tiritando, y eso que las llamas de la lumbre subían por la chimenea a toda pastilla.

Llegó un momento que, aun estando tiritando, me estaba quemando de tan cerca que estaba de la lumbre.

De golpe, se oyó un ladrido en el portal donde estaban los cerdos. Yo pensé…

—Un cochino le ha mordido a la Pinchantas.

—Quía, la perra está aquí.

Un nuevo ladrido con quejido amargo sonó a zapatazo.

—Pero bueno, a ver si estáis atentos, ya había un perro tirando del morro del cerdo.

En la cocina, la caldera de agua que había en las trébedes ya hervía a borbotones, a la espera de que le quitaran las **pezuñas** a los animales para escaldarlas y dejarlas limpias y preparadas. La plancha de hierro que decoraba la chimenea tenía grabado un jinete en un corcel y estaba a punto de salir al galope del calor que pasaba. Yo estaba medio acurrucado a dos metros de distancia para no quemarme. El matarife y sus secuaces seguían pegándole al porrón a diestro y siniestro. Mi abuela y mis tías se deshacían en preparativos.

Como vi que aquello iba para largo, en cuanto me quité la tiritera de encima, salí disparao otra vez a la calle. Ya no me daban miedo los cochinos, y la vejiga aún esperaba para rato. Me fui hacia el Cerro con la Cuca. —Miento, ahora eran tiempos de la Pinchantas, la Cuca ni había nacido.

Empecé a oír guarridos por la calle de abajo.

—Por ahí hay matanza.

Me fui hacia la Solana.

—Ídem de ídem.

Me fui al Castillo.

Allí no aguanté ni diez minutos por el frío.

Media vuelta y otra vez al Portalillo.

Intenté entrar en casa de los abuelos, pero era imposible. Estaban descuartizando los cerdos, ocupando todo el espacio, y lo único que me podía ganar era una patá en el culo. En la puerta, el ambiente era más que animado; por un lado, el sol que era agradecido, y por la algarabía de perros que merodeaban por el entorno.

La escabechina que llevaban entre manos llenaba de chicha todos los barreños, y la alegría que se respiraba era de fiesta total. Yo pensaba… —Esto debe ser muy grande para que haya tanta gente junta y a la vez tan contenta.

Yo seguía con el morro puesto en el umbral de la puerta.

—Ahora no entres, que no se puede pasar.

—¿Y mi vejiga?

— N o       t e       p r e o c u p e s . Siendo el nieto varón de más edad, suponía que lo tendrían en cuenta, y además era una promesa.

—Que la tienes guardá.

Con la envidia que había pasado viendo a otros chavales con sus vejigas, y yo a punto de poder disfrutarla. Me di media vuelta, salté de alegría y grité al aire… —¡Ya tengo vejiga!

—¿En qué estaría yo soñando?

A veces, los sueños te transportan al pasado y te vuelven a un presente de tiempos de infancia.

Me desperté de sobresalto, un poco atontao.

Cuando me di cuenta, tenía a la Cuca a mi lado.

Eran las nueve de la mañana, y había que seguir trabajando en todo el jaleo de la matanza. Seguro que mis primos Cosme y Manoli ya han encendido la lumbre y ya llevan rato enzarzaos con los chorizos.

Para salir de dudas, me acerqué a la ventana desde donde se veía la casa de mi primo, y efectivamente, la chimenea echaba humo a toda pastilla. Salí echando puñetas sin apenas asearme, y cuando llegué, ya tenía en la brasa unos jirones de carne para almorzar.

—Venga, que hay que ir a lavar el menudo a la Colmenilla.

—¿Qué dices?… Ahora almorzar para coger fuerzas.

—Que hay que hacer las morcillas.

Lo de ir a la Colmenilla era mentira. Ya hace años que no se lavaban ni se usaban las tripas de los propios cochinos que se mataban; ahora te las venden limpicas, aseadas y sin olor.

¡Qué tiempos aquellos en que las mujeres tenían que ir a la Fuente, el Cañuelo o el royo de los Quiñones a quitar la mierda a los intestinos con el agua helada! En muchas ocasiones, hasta tenían que llevar agua caliente en baldes para evitar que se les congelaran las manos.

Mientras íbamos degustando el almuerzo, les contaba el sueño que había tenido.

—¿Seguro que ha sido con la matanza?

—Por supuesto. Pero no con la de hoy, sino con aquellas que hacían en casa de los abuelos y en la primera que me guardaron la vejiga para hacer una zambomba.

—¡Anda!… Ahora no te la dan con el cerdo.

—No, lo único que va aparte es la sangre.

—Claro, si no, ¿cómo vamos a hacer las morcillas?

—¡Vamos!, daros prisa que hay que empezar a picar las cebollas.

Un servidor, que tiene por costumbre levantarse de buen humor sea la hora que sea, aparte de decir cuatro tonterías con tal de alegrar el día, hoy iba a llorar de alegría solo de ver el cesto de cebollas que había al lado de la lumbre.

Como no había que ir a lavar el menudo, mientras las donas cocían el arroz en las ollas, un servidor y mi primo se aliaron con la maquinilla de los chorizos, pero esta vez para picar una docena de kilos de cebollas. Al principio, cuando empezamos a pelar las cebollas, llorábamos de alegría, pero cuando empezaron a quejarse y lagrimear dentro de la maquinilla, nosotros lo hacíamos a lágrima viva y sin parar. Encima de las trébedes ya tenían la sangre calentándola y dándole vueltas sin parar para que no se cuajara. Los barreños ya estaban preparados con el arroz a la espera de que se añadieran el resto de los ingredientes. Todo era cuestión de escasos minutos y de darle el gusto adecuado. Unos servidores ya estaban arremangados y preparados para ensuciarse las manos de sangre.

Cada uno en su barreño mezclaba el arroz, la cebolla y la sangre lo mejor que podía, mientras las señoras iban añadiendo sus especias, pimientas, piñones y demás ingredientes. Cada cierto tiempo había una parada para poder meter el dedo y degustar la mezcla. Por fin, todo correcto.

—Ya podéis lavaros las manos.

—Las manos, los brazos, los antebrazos y lo demás.

—Y la nariz.

—Es que me picaba y me he arrascao con el dedo.

Si digo verdad, la matanza que hacemos ahora hoy en día es pura coincidencia con la realidad de antaño. Puede que lo único que hicimos a la vieja usanza fuera el **sarteneo** de patatas con hígado y la popular salsa donde se aprovechaba cualquier residuo de carne. Toda la mañana tuvieron que estar los huesos cociendo para que se le pudiera **abarrer** la carne, y otras tantas horas las liebres para que estuvieran a punto para poder preparar la salsa. El caso es que todo salió bien, y la salsa estaba de muerte. (Por aquí, por la Serranía de Cuenca, le denominan "morteruelo").

El día avanzaba que se las pelaba. Mientras el traquiteo de pongo, quito, añado, arreglo, preparo y lo demás, se nos echó encima la hora de comer. Colocamos la sartén en medio de la cocina y, tras hacer el reolin correspondiente, hincamos las cucharas en busca de las patatas con pimentón. Los soplidos iban al unísono con las cucharas para evitar quemarnos los morros de lo calientes que estaban. Uno, como casi el resto, que no está acostumbrado a estas dispendias, se atraca hasta el punto de tener que apartarse y agostarse en una silla a la orilla de la lumbre para poder hacer la digestión. Un café fue el preludio de unas cabezadas en forma de siesta ante el descuido de los demás. La sartén de la salsa reposaba en un rincón bien tapadita a la espera de una nueva comida. A su lado se apostó la sartén sobrante de patatas para que le hiciera compañía. La cosa iba para días.

Al tercer cabezazo, a uno lo despiertan dando una patá a la silla. Sabía de sobras que me iba a tocar; siempre, como cada año, me toca hacer de todo. Con la excusa de que uno es apañao, ¡toma jeringa! —Lo de apañao hace tiempo que ya lo entiendo: no es para hacer algo que no quiere hacer otro, o es porque haces algo que no queda bien y sirve de justificación. El caso es que había que ponerse a hacer las morcillas, y un servidor ya estaba dispuesto a poner manos a la obra. Tras haber picado las cebollas con lágrimas en los ojos, tengo que aclarar que lo hacía por amor al cerdo, y más sabiendo que en pocas horas quedaría convertido en chorizos y colgado en las varas del techo al humo de la chimenea.

—Que hay que pelar los ajos.

—A ver, que no se puede estar en todo a la vez.

—Que no hay tiempo que perder.

—Lo ves, por apañao. Ahora me fumo un cigarrillo y me tomo un café.

Un servidor coge la puerta y se va a la calle a tomar el aire. De paso, se restrega un poco los ojos del anterior lloriqueo y se pone a reparar el purgatorio de tanto mandao.

Uno vuelve a entrar y se pone a pelar ajos.

La cocina parece la caldera del tío Botero. Entre la lumbre, las llamas, los sudores de las cebollas, el olor de los ajos y los perfumes efluveos de las especias y pimientas, aquello, más que una cocina de matanza, parecía un lugar aquelarre de brujas investigando cómo extraer una pócima mágica. Mi primo seguía arrebatando cada vez más la lumbre, de tal manera que las patas de las trébedes se ponían colorás. La caldera de cobre estaba a punto de derretirse, y el vapor ya inundaba todo el garaje.

A todo esto, llegó la Pilar exigiendo explicaciones de cómo iba la cosa.

—Todo perfecto. Ya está el arroz, la cebolla, la sangre y lo demás. Solo falta empezar a embuchar.

—Pues manos a la obra.

El arroz seguía destilando el vaho sin dejar ver su contenido.

—¿Está bien cocido?

—¿Quién es el majo que mete el morro a ver cómo está?

—Pues hay que probarlo.

La señora Pilar abanicó con un papel el barreño para hacer un pequeño hueco entre el vaho y poder probar el arroz. Hizo una degustación con un poco de momos en la cara, asintió y…

—Perfecto.

—Pues a **enmorcillar**.

Mientras ejecutaban el ritual de sangre, mezclando con el resto de los ingredientes en los barreños, un servidor ya se había preparado junto al aparato de enmorcillar. Hacía años que disfrutaba de tal prioridad y no estaba dispuesto a que me lo arrebataran. El aparato era tan sencillo como ingenioso y sofisticado, de madera de pino, rústico, hecho a mano y con una precisión inusual.

Un pistonetazo y una morcilla.

Otro pistonetazo y otra morcilla.

Otro y otra.

Dale que te pego.

Otro pistonetazo…

—¡Para, para!

—¿Qué pasa?

—Que se ha reventao.

—Con lo bien que íbamos.

—¡Venga, seguimos!

La cosa marchaba a toda pastilla. Un servidor ya había cogido la velocidad adecuada para que el engranaje de la plantilla de empleados funcionara al unísono y con perfección absoluta. Solamente alguna tripa rota nos hacía parar para reparar el pinchazo.

En el caso de las morcillas, se suele usar los intestinos gruesos del cerdo, porque así las morcillas quedan más gordas y jugosas, no como en el caso de los chorizos, longanizas y gueñas, donde se usan las tripas más delgadas, en este caso los intestinos delgados.

(espacio reservado
para el artilugio de
**embuchar** morcillas
previa autorización
de su dueño e inventor)

Y una que va,
Y dos que vienen,
Cazo que te crio,
Morcilla que sale.
La Manoli embuchaba,
Mi mujer ataba,
La Pilar las pinchaba
Y Cosme miraba la manera de asarlas.
En quince minutos
O media hora, no más,
Saldremos de dudas
De cómo estarán.

El mediodía se echó encima. Los barreños llenos de morcillas dejaban unos rostros de felicidad, mientras los unos y las otras nos quitábamos los mandilones y hacíamos turnos alrededor de los baldes para quitarnos todos los restos de sangre de la tarea anterior. Mi primo Cosme ya había hecho un hueco en el ascuarril de la lumbre donde ubicar la parrilla para echar un par de morcillas y poder hacer la cata correspondiente. Mientras chisporroteaban las morcillas en las ascuas, nos dio tiempo a limpiar la cocina de toda inmundicia de restos de la matanza y asearnos lo más limpios posibles por si se diera el caso de que algún extraño apareciera y así poder demostrar nuestra inocencia al estar limpios de sangre. Unos tragos de vino, unos cafés, vuelta a las morcillas y a esperar.

Como no se sabía muy bien si era la hora de comer o de catar, pues echamos manos a la parrilla y a probar.

—Que quema.

—¡Hostias!, es verdad.

—Va, venga, a ver cómo están.

La Manoli sopla, la Pilar resopla, un servidor muerde y la suelta, Cosme se ríe y echa su trago de vino. Tras los resoplidos, todos dimos la correspondiente autorización para poder cocer en la caldera las jugosas morcillas. De nuevo, la lumbre volvió a toda marcha, y la caldera de cobre bien asentada en las trébedes para evitar accidentes. Todos expectantes a que el caldo empezara a hervir para poder bautizar las morcillas, sumergiéndolas durante unos breves minutos.

—¡Vamos! Tú allí, tú aquí y vosotros fuera.

—Perfecto, entendido, es cosa de mujeres.

—Ir preparando las varas para colgarlas.

Nosotros mirábamos con detenimiento cómo manejaban las morcillas con sumo cuidado para que no se reventaran. Del barreño a la caldera y de la caldera al barreño. Eso sí, con sus correspondientes pinchacicos con la horquilla del pelo para extraer el aire que llevan dentro y evitar que se revienten.

Todo un arte culinario.

En estos momentos, mientras las morcillas entran y salen de la caldera, mientras borbotea el caldo y las cocineras se secan el sudor con el delantal, uno tiene que reconocer que el aroma y el olor que desprende es de los que resucitan a los muertos. —Cuenta la leyenda que el caldo que sobraba en la caldera, acompañado de los restos de morcillas rotas, se repartía por las casas del pueblo donde había enfermos o mujeres en estado de buena esperanza.

Pasó un rato, no más largo de media hora, y ya nos estaban reclamando las mujeres para colgar las morcillas en las varas del techo de la cocina. Unos servidores, prestos y dispuestos, colocan el andamiaje para tal efecto y empiezan con su faena.

—¡Cuidado!

—¿Qué pasa?

—Que a la más mínima se rompen.

—Por favor, que ya somos expertos.

—Vale, pero con cuidado.

Teniendo en cuenta tales advertencias, nosotros ponemos el máximo cuidado para hacer las cosas como Dios manda y vamos colocando las morcillas con la separación correspondiente para que no se rocen.

—Veinte morcillas en cada vara.

—Pues entonces hacen falta tres varas.

—Veinte y veinte y sobran dieciséis.

—Pues añadimos otra.

Listo, acabao y aprobao.

—¿Y ahora qué?

—¿Qué hora es?

—Hora de descansar un rato.

Aprobado por unanimidad.

Tras hacer un pequeño descanso para salir a la puerta a tomar el aire y despejar las ideas, nos planteamos si seguir con la tarea o sentarnos en la mesa a reponer fuerzas. El sol ya estaba por encima del Sestero, y eso era señal de que la hora de comer se podía hacer en cualquier momento. En los días de la matanza, la realidad es que todo el tiempo se dedica a trabajar y comer. Cuando digo comer, es comer y comer, que para eso hay chicha de sobras y hay que acabarla como sea y de la manera que sea. Hasta los perros y gatos esos días salen hartos de todo. Casi era cuestión de hacer un esfuerzo para volver al rancho.

—Preparaos que voy a calentar la salsa.

—Otra vez a comer.

—Que hay que coger fuerzas para luego seguir con los chorizos.

—Bueno, si no hay otro remedio.

La Manoli retira la salsa de la lumbre y se pone a repartir con su mano zocata de plato en plato, a raserazo por barba. Cosme coge las parrillas y arrima un par de morcillas a las ascuas para que sirva de acompañamiento.

—¡Madre mía!, pobre colesterol.

—Pues que viva el colesterol.

Nadie dijo nada más; al que más y al que menos hubiera preferido comer cualquier otra cosa más ligera y alejado de las grasas que no fuera de la matanza, pero tampoco era cuestión de dejar de lado todo lo que se iba apartando para consumir estos días.

La improvisación fue tal que hubo que hacer turno de cuchara y tenedor en la sartén y en la parrilla. A cada pedazo de pan se le añadía una cucharada de salsa y un pincho de morcilla, y al tercer turno, un trago de vino. Y menos mal que estábamos hartos de matanza, que si no acabamos borrachos como cubas.

Hay veces que con pocos son bastantes, pero otras veces, cuantos más son, mejor se pasa. Hoy éramos cinco gatos, traducido a personas, tres gatas y dos gatos, porque el tío Vitorino solo aparecía para echarse un chato de vino y para hacer la cata correspondiente. Otras muchas veces, la cocina de Cosme se convertía en lugar de degustación, y se las veía y se las deseaba para dar cabida a medio pueblo, que, dicho de verdad y hasta exagerao, por estas fechas podía ser de una docena y media de personas y alrededor de unos cuarenta gatos.

El tiempo de comida duró lo que la Pilar tardó en decir que cuándo íbamos a embuchar los chorizos. No es que fuera la mejor hora, pero visto que no se iba a hacer siesta, para qué perder más tiempo. Las mujeres volvieron a ponerse los delantales, y Cosme y un servidor se dispusieron a colocar la maquinilla para darle a la manivela y a preparar las varas para colgar los chorizos.

Un servidor disfruta manoseando la masa de carne que, con tanto celo, han preparado la tía Pilar y sus ayudantas, a la vez que le da a la manivela de la maquinilla. La Maribel y la Manoli se encargan de poner el intestino correcto en el embudo de salida y de retirar con toda delicadeza el chorizo ya embuchado al barreño, mientras a Cosme lo tienen sentado con su alfiler para pinchar los chorizos y con ello evitar que quede aire dentro y su curación no sea la correcta. La Pilar está de mirona y con el ojo avizor por si algo no funciona bien.

La factoría funciona a pleno rendimiento, y en menos de dos horas, el techo de la cocina baja su altura en medio metro, repleta de vueltas de chorizos, y hasta la bombilla queda anegada entre el mar de morcillas y chorizos.

Y aún queda. Vamos que si queda.

—¿Y ahora qué?

—Pues lo primero, poner otra bombilla que casi no se ve.

—Bueno, ¿qué os parece?

—Que parece que había menos de lo que ha salido.

—Pues espera, que aún queda por hacer unas vueltas de gueña y sacar los enajaos.

—Entonces habrá que poner, por lo menos, un par de varas más.

—Las que haga falta, mientras haya carne que colgar…

Yo miraba al techo y contaba mentalmente el número de vueltas que habían salido. Mientras me chupaba los dedos de mi mano izquierda todavía pringosa, yo pensaba en la buena pinta que tenían y lo bueno que tenían que estar cuando estuvieran curados. Sin duda, este año han salido mejor que nunca.

—¿A que no sabes cuántas vueltas hay?

—Pues…

—Cincuenta y tres de morcillas y ciento veintisiete de chorizos.

—Anda, son nones.

—¿Y qué quieres decir?

—Pues mal número para repartir.

—Eso lo arreglamos rápido, mañana mismo.

—Habrá que probarlos.

—Mañana estarán tiernos.

—Habrá que darle a la Pilar algún aguinaldo.

—Por supuesto, y bien merecido.

Un servidor metió la pata: cuando los contaron de verdad, eran pares.

Y volviendo a las antiguas matanzas, aquellas que se convertían en la fiesta principal del año y donde se reunía toda la familia, desde los más chicos a los más ancianos. Cualquier persona, por insignificante que fuera, podía ayudar a sujetar el rabo del cerdo. En casa de mis abuelos, cuando llegaba la matanza, tenían por costumbre mandarnos a dormir a todos los nietos al cuarto del cernedor, que estaba pegando a la cocina. Era un cuarto sin luz natural que quedaba debajo de las escaleras y donde guardaban la artesa para amasar el pan. Aquí nos podían vigilar desde la cocina, y en caso de que nos portáramos mal, nos podían pegar cuatro cachetes en el culo. Nosotros lo dábamos por hecho, pues disfrutábamos como tontos, a pesar de que había sopapos y hasta algún correazo.

Por recordar… que para poder subir a la cama tenías que coger carrerilla o te tenían que dar el pie, de lo alta que estaba. Tenía un somier de muelles que era lo más parecido a una barca en pleno temporal, y a poco que te zarandearas, podías tocar el techo con la cabeza o te ibas de bruces al suelo. Yo creo que cuando llegábamos a dormirnos era la hora de levantarnos.

En la cocina, el techo era tan bajo que los más altos llegaban a tocar los chorizos y morcillas con la cabeza. Las varas casi se doblaban de la cantidad de vueltas que les metían. Las morcillas las hacían el doble de gordas que ahora porque aprovechaban los intestinos gruesos del menudo y le ponían mucha más manteca que ahora, y a los chorizos les metían más grasa y carne de otros animales, además del cerdo. Tenían por costumbre hacer las gueñas, medio chorizo, medio morcilla, con la carne más fea y desechada del cerdo. Hasta que hacían el frito, había que ir andando por la cocina con la cabeza cacha.

Los únicos que podíamos andar de pie éramos los nietos y mi abuela, que era de escasa estatura, al contrario que mi abuelo Gonzalo, que tenía que ir medio encorvao. En una ocasión, recuerdo que me colgué de una vara de morcillas y rompí unas cuantas; al momento, salió mi abuela detrás de mí con la escoba.

Cosa de niños.

Al día siguiente, cuando me desperté, estaba con la cabeza en los pies. Nos habían metido a todos los nietos en la misma cama.

En casa de mi abuela, cuando llegaba la matanza, lo pasábamos bomba, y yo tenía más motivos para estar contento, pues me habían guardado la vejiga del cochino.

Por estas fechas, en la mayoría de las casas del pueblo se hacían las matanzas del cerdo, por eso no era de extrañar que por el Portalillo nos juntáramos más de un chaval con sus vejigas o incluso con sus zambombas recién hechas. Eran días en que el humo no solo salía por las chimeneas, sino de cualquier portal o corral, y el olor a chumasquina se hacía alarmante por todo el pueblo.

A uno le viene a la cabeza aquel día de invierno en que las canaleras de los tejados no daban abasto a desaguar la nieve que se derretía por el sol que pegaba a mediodía, y cómo terminaba tomando un color rojizo de la sangre, manifestando la carnicería que estaba ocurriendo. Y cómo se movilizaban todos los perros y gatos del pueblo en busca de un insignificante bocado, y cómo las urracas se apostaban a las cumbreras de las casas y a los arboluchos en busca de carroña.

Como si fuera ayer, recuerdo cómo chillaban los cochinos a la hora del sacrificio, mientras jugábamos al fútbol en plena nieve en las eras del Cerro, y cómo nos acercábamos a más de un corral por ver si se les escapaba y salía corriendo. Que, siendo chaval, hasta nos venía bien el que quedaran las zahúrdas vacías por una temporada para poder usarlas en los juegos como escondite.

Eran unos días de vacaciones de la escuela en que lo único que podías hacer, no siendo chavala, era dedicarte a cazar pájaros con los cepos, jugar a las guerras de nieve, traer cuatro sacos de paja para los animales, tirarte por la cuesta del Castillo o perder el tiempo tocando la zambomba. Uno se las ingeniaba como podía, y si no, se iba a patinar a la Colmenilla, a hacer bolas de nieve, a romper los chupones por los tejados de los pajares, para luego volver a casa con una calazón de órdago, con la consiguiente **somanza** de palos o te sobaran el ato.

Para frío del frío, el día que nos fuimos a la Chorrera a romper los chupones de la cascada. Cuando pasamos por el prado de los Lienzos, las mujeres que había lavando los menudos y tripas, tuvieron que romper la capa de hielo del royo para poder coger agua para lavarlos. En la Fuente, el jaraíz y el lavadero tenían una capa fina, pues le costaba helarse al estar manando agua sin parar. Las manos ya las llevábamos medio helás, y las orejas rojas como tomates.

Cuando llegamos a la Chorrera, el chupón llegaba de arriba abajo, tan grande que no lo podíamos abarcar con los brazos. Tiramos un montón de molondros y no le hacíamos ni cosquillas, pero como no estábamos dispuestos a dejarlo colgando, nos metimos en medio de la balsa helada y nos pusimos a darle golpes con un palo. Primero fue uno, luego dos, luego todos a la repelea, y a todo esto, sin pensar en que estábamos encima del agua helada. Y luego pasó lo que tenía que pasar: el chupón se rompió, la balsa se resquebrajó, y todos fuimos a parar dentro del agua. Y menos mal que la balsa era poco profunda, y lo único que nos mojamos fueron los garrones de los pantalones y los pies, que, si no, cogemos una pulmonía.

El frío y el hielo duraron unos minutos. Enseguida le pegamos fuego a medio iriazo de aliagas que había en el solano, libre de nieve, y nos metimos en medio hasta que los pantalones se quedaron secos y medio socarraos. Menos mal que no se enteraron en casa, sino nos llevamos una somanza de palos y nos ponen bien calenticos. El socarrao de los pantalones no era motivo de delato, pues siempre andábamos encendiendo lumbres por todos lados, y mucho menos de delito, porque siempre íbamos por el campo con ropa vieja, hechos unos aráganes.

Las que se debían estar escocando de frío eran las mujeres que estaban lavando las tripas de la matanza. El agua del royo de los Quiñones bajaba tan helá que se cortaban las manos, y ni el agua hirviendo que tenían de consuelo les aliviaba. Debían tener dos menudos de kilómetro, porque cuando volvimos a pasar por el puente de la Fuente, aún corría la mierda por el royo. Nosotros volvíamos tan contentos camino del pueblo, sabiendo que había chicha fresca para comer.

Por estas fechas, y siempre que se hubiera hecho la matanza correspondiente, había que comer chicha a todas horas, quisieras o no. No solo por la matanza, sino porque por estas fechas y en estos lares, el que más y el que menos también recurría a la caza de temporada, dígase perdiz, liebre, conejo o lo que se pusiera por delante. Claro que, bien visto, todo tenía su explicación. ¿Y si no, cómo combatir el gélido frío de invierno? Pues a base de mantecas, sebos, tocinos, grasas, potajes, cocidos y todos sus derivados. ¿Quién hubiera cogido en aquellas interminables tardes de primavera una de estas delicatesen en cuenta de un chusco de pan con unos cacos de cebolla?

Ahora las matanzas son distintas. Hoy en día se aprovecha del cerdo lo que es bocao de buen gusto y paladar, y por consiguiente, se desperdicia más de la mitá que antes. Por no aprovechar, ya se tira hasta la grasa. Antes, una tinajilla llena de grasa podía ayudar a solucionar el problema de alimentación durante varios meses. Una simple cucharilla del aceite del frito de los chorizos era capaz de hacer una exquisita sopa castellana, un sabroso puchero de garbanzos, unos bolos con arroz, unas deliciosas tortas con chichorretas, o simplemente mojar un chusco de pan duro y salir corriendo al campo con nuevas energías.

Hoy, la carne la aborrecen hasta los perros. Casi estoy por decirte que un servidor lo que más a gusto me comería sería algo de mar, cualquier cosa que tenga raspa y que sea capaz de no atragantarme. Si fuera verdad eso de... "por el mar corren las liebres, por el monte las sardinas", ahora mismo me iba a Monte Llano con la caña a por un par de docenas. En cierta manera, y situándonos donde estamos, en tierra adentro y lejos del mar, uno también echa en falta, por lo menos un par de veces a la semana, algo de pescao, que por aquí lo único que se ve es el bacalao en sal y alguna que otra caja de sardinas.

Yo seguía pensando en lo mismo.

La Cuca, que estaba al lado mío, me adivinó la intención y me soltó un par de ladridos.

—¡Qué inteligente! —pensé yo.

Estaba sentado en la pared del Portalillo, con la mirada puesta en la casa de mis abuelos, viendo cómo llevaban el asunto de la matanza.

La Cuca volvió a ladrar. Yo la miré y me levanté.

—¿Qué te parece si salimos un rato al Monte a por unas sardinas?

La Cuca no entendía nada.

Me di media vuelta. La perra empezó a dar ladridos de alegría y, en su impetuosidad, la emprendió a saltos con un gato que había cercano, al que obligó a subirse a un árbol.

—Tranquila, que no es para tanto escándalo.

Volvió a ladrar un par de veces más y se dio la vuelta.

Casi en un acto inconsciente, me metí por el callejón que da al Ollazo y me puse a mirar al Monte. La Cuca me siguió al trote y se quedó mirando también. Debió pensar… este no sabe lo que dice.

Y tanto… (que va, es mentira, en el monte no hay sardinas, puede que las hubiera o hubiese en el terciario, cuaternario, o vete a saber. Fósiles los hay y a montones).

—Sabes, Cuca, allí se ha derretido la nieve. La Cuca siempre me contestaba con sus dos ladridos.

Abandonamos el Portalillo y cruzamos por medio de las canaleras de agua para dirigirnos a casa a coger la caña. (Entiéndase coger la escopeta y su canana correspondiente). A veces, la suerte se presenta de cara. De pronto, asoma una furgoneta dando pitidos por la entrada del pueblo.

—¡Vaya suerte, el pescao!

La Cuca, en cuanto sintió los pitidos, se puso a ladrar y se echó a un lado. Hay que ver qué mal le suenan los toques de campana y los bocinazos de los coches a los perros. Está claro que no están acostumbrados a los ruidos de la ciudad.

El camioneto dio la vuelta a la procesión sin parar de pitar hasta volver otra vez al trinquete. La Cuca desapareció por detrás de la iglesia hacia las eras del Cerro. Aún no había abierto el tenderete cuando le pregunté al pescadero que si llevaba sardinas por casualidad.

—Unas pocas me quedan.

—Pues entonces me pones un kilo.

La Cuca, que hablar no habla, pero tiene el oído más fino que un cochino flaco y muerto de hambre, lo entendió a las primeras de cambio. Agachó las orejas y se fue a tomar el aire.

Sabía que se había esfumado el ir al Monte a dar una vuelta.
—Otro día será.

Yo cogí mi bolsa con mis sardinas y me fui a casa de mi primo a ver cómo llevaban la matanza. En cuanto me vieron entrar…

—¿Qué llevas ahí?

—¿Que no habéis oído los pitidos del camión?

—Para eso estamos nosotras, como si no tuviéramos faena por hacer.

—El camioneto del pescao.

—Será porque no tenemos bastante comida.

—Aunque sea por cambiar un poco…

—Nosotras no tenemos tiempo de irnos por ahí a dar vueltas.

—Vale…

Tuve suerte de que me reconciliara con el personal haciéndoles unas faenas hasta la hora de la comida. Mi primo Cosme no quiso intervenir porque le daba igual comer carne que pescao. Y hasta si eran las dos cosas para elegir, mejor que mejor.

—Entonces, ¿qué hacemos?

—¡Coño! —pues las sardinas.

—Mira que teniendo matanza de sobras…

—Mira que si no vuelve el camioneto hasta dentro de dos meses…

—No se hable más. Primero asamos las sardinas y después un par de morcillas, y sanseacabó.

—Abrir las ventanas, no vaya a ser que los chorizos cojan el olor a sardinas.

—Las asamos en la calle.

—No se discuta más.

La verdad es que llevaban muchísima razón. Con el olor tan bueno que iban tomando los chorizos en las varas, y que ahora fuéramos a usar las sardinas en la cocina… El día que hacía de sol invitaba a asar en la calle lo que hiciera falta; ya ni las bocatejas goteaban casi agua, y la nieve se derretía con prisa. La misma prisa que teníamos mi primo y yo por comer y salir a dar una vuelta con la escopeta por el monte. Que ahora los días duran de sol dos estornudos. Las sardinas se hacían en un momento, y si hacía falta, nos las comíamos con raspa para aligerar. Que, en el peor de los casos, nos podíamos dar una vuelta por Valdecatalina en media hora y traer un par de conejos.

—A ver, ¿qué dicen las mujeres?

Estábamos a media comida cuando…

—Que nos vamos un rato a dar una vuelta.

—¿A dónde?

—Ahora no tenemos nada que hacer, y enseguida se hace de noche. Es un periquete.

Nos hicimos oídos sordos y salimos zumbando para evitar más explicaciones innecesarias.

Mientras mi primo se dirigía a por los aperos oportunos y a soltar a su perra Lassie, un servidor sale botando a la suya a perpetrarse y a localizar a la Cuca. La perra de Cosme, la Lassie, era casi igual que la Cuca. El mismo pelaje, el mismo tipo, la misma raza y hasta la misma manera de andar y de cazar. Según mi primo, tenía más vientos para la pluma que para el pelo. Según yo, las liebres le temían.

(Seguro te has dado cuenta de que no hacía ni media hora que había dejado a la Cuca por los alrededores del trinquete cuando llegó el camioneto del pescado, y que aquella historia estaba fuera de tiempo y de lugar. Es simplemente una forma literaria de mezclar los tiempos para revivir las cosas pretéritas, pasadas, futuras y presentes, y que a veces, más que perfectas, me gustaría que fueran pluscuamperfectas).

Y seguimos…

En unos minutos, pasamos por el transformador, y la Lassie enseguida se metió entre las aliagas. No había acabado de fumarme el cigarrillo que llevaba entre labios, cuando la perra empezó a picarse cerca de las piedras de la Tinaja.

—Mira que si hubiera alguna tonta por aquí…

Más que tonta, era tonto. Eran las pisadas de un perro del pueblo.

De nuevo, la Lassie empezó a mosquearse y a dar vueltas al mismo rodal. Ahora iba en serio; las huellas no engañaban, eran de conejo.

—¡Ojo! Este conejo se nos ha movido y no nos hemos enterao.

—Ya saldrá.

La perra, de pronto, se pone de pie y…

—¡Allá va!

Pum, pummmmm…

La Lassie sale corriendo, coge su conejo y vuelve tan contenta hasta donde estábamos nosotros.

Nosotros nos quedamos mirando hacia la casa de Cosme y vimos a las caseras asomándose a la puerta. Nosotros levantamos el trofeo y, tras darnos media vuelta, seguimos cazando entre los aliagares a la espera de la postura del sol. La perra, que nunca se daba por vencida, se dejó caer a unos ribazones que daban a la acequia del camino del Espinar, lo que me obligó a meterme por medio de los labraos, con el consiguiente barrizal entre las nalgas del pantalón. Ya conocíamos de sobra que cuando la Lassie se separaba de nosotros, es porque algo se olía, así que di por bueno el barro y adecué el paso al trote.

Mi primo hacía lo mismo y se preparaba a coger el sitio más adecuado por si sucedía lo previsto. Él no lo vio, pero un servidor se pegó un talegazo de aquí te espero en el afán de llegar antes de tiempo y acercarme a la perra. Y menos mal que el terreno estaba blando, y todo quedó en un costalazo sin importancia.

La Lassie siguió ribazón adelante hacia la solana de las Paderejas. No es que nos engañara, pues era más que evidente que el conejo había estado danzando por el lugar, pero nos obligó a estar tentando la suerte de si seguir por medio del barrizal o liberarnos hacia el aliagar y esperar más arriba, cerca de los caños.

—Mira que si le da por salir…

Pocas veces he visto yo correr el agua por esta acequia, y menos así. El agua chorreaba por medio de los aliagares como si fueran manantiales provisionales, casi injustificables. Como una gran serpiente plateada, reptaba hacia el Prado de la Ermita y el Quiñón.

En realidad, era verdad que llevaba varios días lloviendo a mansalva, y más con la última nevada, pero en ningún caso tanto en tan poco tiempo y de manera inesperada. Menos mal que la Lassie se dio por aludida y terminó viniendo donde nosotros queríamos y estábamos, de lo contrario, nos hubiéramos quedado embarrados y sin poder disparar. Seguro que algún conejo se estaba alegrando de tal situación.

Andábamos ya por la morra con suelo firme, limpiándonos las botas restregándolas entre las aliagas, cuando salió la perra disparada hacia unos enebros donde había unos caños de conejo.

—¡Me caguen la leche!, unas perdices.

—Ya sabía yo que…

Era raro que por aquí no volaran. Es un sitio casi seguro donde se quedan a menudo, y por culpa del barro nos la han jugado.

Las vimos traslucir a contraluz hacia el puntal de Vallejo-Blasco cuando el sol más nos cegaba. No hubo tiempo ni para poder poner la escopeta en el hombro y mucho menos apuntar.

Mi primo y yo, de azar y puntería, andamos casi casi al rin con ran; puede que él sea algo más seguro. Cuando él le pega a la primera, yo me quedo con las ganas; cuando yo fallo los dos tiros, él falla los tres, porque lleva una repetidora con un tiro más. De suerte nos sobra; llevamos tantos años cazando juntos y con los mismos perros que ya sabemos de sobras en todo momento dónde nos tenemos que colocar cada uno para que la pieza se nos ponga a tiro y del de dar.

De tiros contra el aire te puedo contar a docenas, de tiros contra el suelo a unidades, y de tiros fallados a decenas, y aun así ha habido años que el número de piezas de caza menor a contar han pasado de la cincuentena entre conejos, liebres y perdices.

Hubo cuarentenas, treintenas, veintenas, etc., dependiendo de la fertilidad del año y, sobre todo, de los conejos, de la duración de la temporada, de la nieve del invierno, de la cantidad de zorras, de la munición usada y hasta del ojo del cazador.

Yo me apropio de la cantidad por quedar bien, aunque es verdad que a lo mejor las mentiras se podrían contar con los dedos de una mano. Y lo que digo es verdad y documentado está en la pared de la cocina de Cosme, donde se contabilizaba día a día el número de piezas. (Para ser más exactos, ya no se puede verificar la realidad, pues hace un tiempo pintaron el local y quedó borrado de la historia).

Hoy no viene al caso, pero más de un conejo se ha muerto de viejo cansao de reírse de tanto cartucho gastao contra las lastras de las piedras de la Cordillera o de la Linde Gallubar. —Puede que fuese verdad aquello que contaba mi padre de una codorniz acorazada que volvía cada año al pueblo por el verano a los rastrojos y no había manera de matarla ni con tiros a discreción.

Y es que, hablando de caza, cualquier cosa es posible, y hasta de imposibles posibles, y casi a la orden del día. En esto de la caza hay que creerse la mitá de la mitá. Ya dice el refrán que… *se coge antes a un mentiroso que a un cojo*, y si seguimos con el dicho popular… *eres más mentiroso que un cazador*. Cualquier cosa es posible, aunque parezca casi imposible. Dicho queda.

Vamos a seguir con la cacera…

Llegamos al Puntal de Valdecatalina con las botas empapadas de agua y de barro. El sol ya iba camino de Alcoroches por encima de la Cruz de Hierro, entre unas nubes rojizas que lo único que hacían era engañar la temperatura del lugar. La Lassie se dio cuenta de que era inútil cazar cara al sol, pues no veíamos nada, y se dio media vuelta hacia los ribazones de los piazos de la ombría. Allí siempre saltaba algún conejo; ella lo sabía, lo presumía y lo olía, y nosotros también.

La perra no tardó en empezar a picarse.

—¡Alerta!

—¡Ojo! Que siempre cogen por debajo del ribazón hacia el caño.

Yo estaba en el sitio justo. Justo por donde debía pasar el conejo.

Mi primo me advirtió del movimiento del conejo.

—¡Chist…! Que está a punto.

Yo simplemente asentí con un ok con la mano.

La perra sabía cómo debía cazar el aliagar para que el conejo no nos la jugara y se metiera en el cabo. El conejo, por su parte, sabía que la única opción era escabullirse por entre las aliagas sin que se diera cuenta la perra, misión más que imposible dado el fino olfato y la experiencia que tenía la Lassie. La cosa se hacía rogar tanto que hasta dio tiempo de encender un cigarrillo para calmar los nervios y de que el sol tuviera tiempo de despedirse por el poniente. La temperatura empezaba a descender estrepitosamente en breves instantes, y nosotros procedimos a insistir a la Lassie para que hiciera saltar al conejo. La incertidumbre empezaba a congelarse, y decidimos acercarnos hasta el aliagar para obligar al conejo a salir a la fuerza.

Aquí en el pueblo, y más en invierno, no hay que llevarse a engaño con esto de las temperaturas; tan pronto estás en una solana y te tienes que desabrochar el último botón del cuello de la camisa y despechugarte, como te tienes que subir el cuello hasta las orejas y taparte las ideas si te metes en una ombría.

Nosotros, con el calazón que llevábamos hasta media garra del pantalón y el frío que se nos echó encima de golpe con la postura del sol, ya no podíamos esperar más, y, apurados los cigarrillos de tabaco, decidimos dar por concluida la cacera.

La Lassie se debió dar cuenta de la jugada y, rauda, se puso a saltar entre las aliagas. Vuelve a saltar, a mirar, a saltar… Nosotros nos frotamos las manos, dimos un par de palmadas para animar a la perra, volvimos a achucharla y nos colocamos en los sitios adecuados para disparar.

De siempre, por instinto natural y por el aprendizaje de generaciones anteriores, nos colocábamos uno en cada extremo del lugar y siempre en la zona más elevada y despejada para, desde allí, poder disparar sin dificultad.

—¡Allá vamos!

—¡Vamos, Lassie!

La perra fija su mirada y se queda quieta.

Yo apuro el cigarrillo que me estaba quemando los morros.

Mi primo empuña la escopeta en posición de tiro.

Yo miro a la perra y fijo el sitio.

La Lassie salta y sale corriendo.

Nosotros miramos sin ver nada.

La Lassie sigue saltando.

Mi primo y yo seguimos en plena tensión sin notar nada.

La Lassie sigue corriendo hacia el caño, se para y se nos queda mirando.

Mi primo y yo nos quedamos mirando, observamos a la perra, nos colgamos las escopetas al hombro y, tras llamar a la Lassie, cogemos ribazones abajo hacia casa. —Otro día será, adiós conejo.

Bajamos por la orilla de la acequia hasta el prado de la Ermita. La perra iba embadurnada de barro hasta las tetas, yo por el talegazo con barro hasta las orejas, y mi primo hasta las corvas. El conejo que llevábamos colgado en la canana iba tan desgraciado que casi no valía la pena ni enseñarlo al llegar a casa.

Ya en la puerta del garaje, la perra nos adelantó por si había algún resto de la matanza del que tirar. Al instante, salió con el rabo entre las patas a toda ciberina con algo en la boca que ocultar. Seguro que había cogido algo sin permiso. Estábamos a punto de entrar. Nosotros pensamos…

—¿Ya verás cuando nos vean…?

—Entra tú primero.

—Cuando me vean cómo llego, me pegan un cazazo.

—Pues entonces…

—¿Sabes qué? Casi que mejor que nos limpiemos las botas en la hierba para disimular un poco y evitar, al menos, que nos echen una bronca sin argumentos y sin justificación.

—De todas formas, nos la van a echar.

—Pues que la echen.

—Pues anda que no quedan días de barro y de broncas.

Uno, cuando llega a la puerta, se da cuenta de que el olor a ajos es casi insoportable, y cuando entra en el garaje, ve todo el tentible de la matanza esparcido por todos lados, y hasta le da a uno de entero. En tal caso, y aprovechando que uno va calado hasta los huesos, deshace los pasos y decide irse a casa a desvertirse, descansar un rato y volver como Dios manda.

A salvo que alguno venga a comprometerme a echar una partida de guiñote, seguro que, una vez que he recuperado la lumbre en la chimenea, me quedo un rato en el sofá. Si digo verdad, me apetecía quedarme a solas y, por supuesto, olvidarme de la cena, ya harto de tantas delicatesen de la matanza. La lumbre estaba tan apagá que tuve que volver a meterle de nuevo unas teas para que cogiera marcha de verdad, pues la idea era poder ducharme si la temperatura subía, por lo menos, a treinta grados.

Y tres veces dudé si meterme al cuarto de baño o no. El agua estaba ideal para servirla en un whisky o para hacer un granizado de café. El calentador estaba desenchufado, así que me hice un café calentito y me acurruqué encima de la lumbre a la espera de que el agua llegara a la temperatura adecuada. Y llegado el momento, me quedé en calzoncillos enfrente a la lumbre, salí disparado al baño, y cuando apenas me llegó el agua de la cabeza a los pies y con el jabón aún en los sobacos, salí disparado otra vez a la vera de la chimenea. Y gracias a que el fuego encandiló de nuevo mis sentidos, sino me quedo pasmao de frío.

El invierno por estos lares tiene estas cosas.

Y a todo esto, un perro hacía rato que no paraba de ladrar, y yo en bolas.

—Yo me preguntaba… ¿solo falta que toquen ahora en la puerta y me tenga que levantar a abrir? Falso aviso; debía ser algún gato que andaba por la calle merodeando alrededor del perro.

Media hora, por lo menos, tardé en vestirme a la vera de las ascuas. Cada pieza que me ponía, pieza que acercaba a la lumbre para calentarla y ahumarla en la chimenea.

—No me extraña que, con frecuencia, digan que los de pueblo olemos a humo.

Uno al final ya no sabe qué es mejor: si oler a especias y matanza, oler a cebolla y morcilla, o oler a resina y humo. Y yo me preguntaba… —¿Y antes, que no se duchaban ni bañaban, qué…?

—Pues que olerían a todo.

—O a lo mejor es que no tenían el olor tan fino y no olían a nada.

—Pues casi seguro que sí.

Una vez ya revestido y aseado, miré por la ventana y no vi a nadie, ni siquiera al perro que ladraba. Todo estaba tranquilo y vacío, como corresponde a esta hora y a esta época del tiempo. Casi sin querer, había conectado una emisora de música clásica; tenía una taza de café entre mis manos, la lumbre se avivaba con la leña seca, la luna paseaba lentamente por el firmamento, salteada de estrellas, e invitando a relajarse. Me recosté en el sofá… estaba tan ricamente que me quedé traspuesto.

Mi casa tiene una ventana que es particular; se mira y se ve como las demás. (Si te suena a canción, la música te la pones tú). Si llueve, se moja como las demás, pero no se cala porque está acristalada, con ventana y contraventana.

Para mirar, no necesitas que te agaches y te vuelvas a agachar, ni que te levantes para poder observar lo que pasa a su alrededor. Es muy especial porque yo quería tener el campo a mi vista sin estorbo.

Por momentos, pensé en agrandarla para poder ver y disfrutar de los amaneceres dorados sobre el Pinillo, de aquellos campos de nieve de mariposas blancas, de los pajarillos en su constante trajín de rama en rama en plena primavera, o cómo se cimbreaban los sauces con los vientos del otoño. Al final, todo quedó en nada; la superficie a limpiar en superficie de cristales no fue impedimento, pero el hecho de que heredara la casa de mis padres fue determinante. Esa tenía un soleado y vistoso balcón y con el doble de ventanal.

Desde mi ventana se ven el sol, la luna y las estrellas sin tener que moverte del sofá, y con los cristales limpios, la vista te puede llevar desde el puntal de los Majadales hasta el barranco de las Escalerillas o la pinochá de Cerrocaballos, por no pararte a mirar mucho más cerca y observar los corzos y ciervos por el Sestero o por los mismos piazos de los Quiñones.

Una noche, me puse a contar estrellas y me quedé ciego; cuantas más contaba, más aparecían. Incluso una o dos pasaron fugaces a toda ciberina por el firmamento sin poder casi observarlas. La Osa Mayor, la Menor, el Carro, el Camino de Santiago y unas cuantas más, me las sabía de memoria, pero había una hacia el poniente que lucía más que las demás y no la tenía localizada; debía ser temporal en la exposición del cielo.

Tras algunas investigaciones, descubrí que era una estrella trasvestida; vamos, que se hacía pasar por estrella sin serlo.

—¿Como un travestí?

—Algo así.

—Entonces…?

—Pues que es un planeta.

—¡Toma ya! Qué bien lo disimula.

—¿Y cómo se llama?

—Venus.

—Claro, no podía ser otro.

Mi casa también tiene un corral que es particular; se moja si llueve como los demás. (Acuérdate de ponerle música). El sol, en invierno, ni se acerca, y en verano, porque disfruta jugar entre las hojas de la parra y las flores de los tiestos de geranios y petunias. La luna apenas la ve, a salvo aquellas noches en que se pasea preñada por el cenit del firmamento, donde las estrellas se arremolinan a su vera como doncellas escoltando a la novia. En invierno, la puerta que da al corral apenas se abre, y aprovechando la soledad, no paran de entrar perros y gatos a cagarse y mearse. Por decirlo suavemente, estoy hasta las narices de limpiar mierdas.

Bueno, todo esto me lo compensaba en creces la ventana que tenía a escasos centímetros de mi cabeza. Mis pies, a unos palmos de la lumbre, y desde el sofá, disfrutando de la radio para escuchar, soñar y dormir, y de la televisión para observar y pensar.

Por la noche, cuando me entraba la modorra, tiraba de unos discos que imitaban con sintonías a la naturaleza, con versiones de cantos de animales, fenómenos naturales y todo el repertorio de instrumentos musicales. Así podía relajarme bien a gusto, tanto escuchando un trinar de jilguero o croar de una rana como degustar el susurro de una fina lluvia de primavera. En realidad, nunca me preocupé de saber de sus autores ni del título de sus melodías.

Por el día, siempre me gustaba despertarme con sintonías clásicas y barrocas a toda pastilla, de esas que levantan el ánimo hasta las ramas de los árboles. Una vez hecho el desayuno, Bach, Mozart o Beethoven se encargaban de avisarme e invitarme a salir de casa e irme a hacer gárgaras a la calle.

Mientras yo pensaba estas cosas, me estaba amodorrando en el sofá y ciego mirando las estrellas. La única luz que alumbraba el comedor era la luz de la lumbre y de la luna que entraba por la ventana. Seguía sin haber gatos ni perros por la calle, y nadie molestaba la puerta. La música seguía con su ronroneo de lluvia entre cuchicheos de pájaros; yo me quedaba frito en el sofá al calor de las ascuas. Ya ni estaba.

Mi casa tenía otra ventana que, cuando salía el sol, le dejaba entrar en la habitación y meterse en la cama. Por azar, tuve la suerte de que el armario ropero, con dos grandes lunas como espejos, quedara enfrente de la ventana, y de esta guisa siempre tenía presente el saliente del monte entre sábanas, aunque me diera la vuelta en la cama, a no ser que escondiera la cabeza debajo de la almohada. Casi siempre, el sol me engañaba la hora y me obligaba a levantarme antes de tiempo, entendiendo como madrugar hacer pie tras la salida del orto.

A mi ventana siempre fisgaba un sauce llorón, que de llorón no tenía nada, aunque, como buen sauce, dejaba que sus melenas bailaran entre las ramas y peinaran y barrieran con delicadeza el enlosado suelo de su contorno. Un día lo podé porque cada vez se acercaba más a la acera y se desmelenaba de tanto mirar por la ventana a la cama, y porque hacía de chivato para todos los pájaros de la plaza. —Me supo mal, es verdad, pero cuánto me alegré que, al llegar la primavera, de nuevo volviera a brotar y a llevar la alegría al barrio.

Mi casa tiene una parra que es particular,

Brota cada año como las demás.

Se umpe por las paredes para fisgar,

Y se acerca a la cocina para ver guisar.

Echa uvas como las demás y además…

Entre sus hojas juguetean pájaros,

Abejas, avispas, moscas, tordos,

Y hasta gatean las lagartijas para tomar el sol.

Cuando me descuido, se sube por las bocatejas hasta el tejado y se va hacia la otra casa sin pedir permiso y sin un motivo que justifique su abandono del hogar. Tal vez ya se ha cansado de tanto convivir siempre con los mismos y busca nuevos vecinos.

Mi casa tiene una ventana que, cuando te pones a mirar por ella, te dan ganas de irte al campo; es un reclamo constante a la naturaleza. En mi casa vive gente que, aunque no tuviera ventanas por donde mirar, le gustaría salir al campo, pero como tiene ventanas, están obligados a hacerlo, aunque no quieran, aunque solo sea por vivir sanos y disfrutar del aire puro.

La gente de mi casa, cuando entra el sol en la habitación, tiene por costumbre levantarse y dejarle la cama libre para que se meta un rato y descanse. Hay veces que se tira toda la mañana durmiendo, aunque sea sin sábanas, y cuando quieren despejarse, las nubes ya es mediodía.

De la gente de mi casa

Hay uno que yo me sé,

Que a la más mínima se larga.

A veces coge la puerta

Sin decir hola ni adiós,

Ni a dónde va,

Ni cuándo viene,

Ni adiós muy buenas,

Ni na de na.

Coge y larga,

Coge y se va.

A veces uno piensa… —tendría que irme por allá, por acá, o tal vez…

Cuando desperté, resulta que era ya de noche. Me había quedado chiflado al calor de la lumbre y soñando tonterías. La que llevaba entre sueños.

Desperté al rato…

Debían ser las once y pico de la noche cuando me desperté de sobresalto. Mi pie derecho se me había quedado dormido junto a las ascuas, y la alpargata ya no podía resistir más el calor. Menos mal que la alpargata se dio cuenta de que estaba chamuscándose y saltó del sofá volando. Yo salté también a la vez y fui a parar a mitad del comedor. Eché la luz, miré la alfombra, mis pantalones, alrededor…

—¿Menos mal…?

Reorganicé mi mente, abrí las hojas de la ventana para que se fuera el olor a chamusquina de la suela de la alpargata y dejé entrar un poco de aire fresco. Pasado el rato, volví a poner la música y recurrí a unos frutos secos para acompañar un nuevo café a degustar. A todo esto, la lumbre seguía encandilá a toda pastilla, y con las brasas a punto de salirse del perímetro de la ceniza.

Puestos a espabilarme un poco, recurrí a unos apuntes que tenía en mi particular y peculiar libreta de campo, que hacía tiempo que no revisaba. La ocasión era *ni que pintada*; no podía resistirme a mirarla y ver qué apuntes tenía por examinar. Normalmente, iba apuntando o pintando cualquier cosa que me llamaba la atención para luego, con tiempo, volver a revisar y complementar.

—¡Anda!, pero si es parte del recuento de pozos, fuentes, manantiales y demás asuntos relativos al agua.

—Mañana me voy a dar una vuelta a ver si echan agua los Ojos de Roque. Llover ha llovido bastante. No me extrañaría que ya hayan reventado.

Estaba yo pensando en mi libreta cuando se presentan unos perros en la puerta de casa ladrando. Casi siempre, detrás de los perros van acompañados del amo. Pom, pom, pom…

—¿Que si vas a venir o no?

—Ya voy.

Un servidor no puede rehusar la tentación de echar una partida de guiñote. Además, era de revancha. Tan raro era que no me hubieran llamado para ir un rato al bar como que se hubieran asomado a la ventana de la cocina y no me hubieran querido despertar o pensaran que no había nadie al estar con la luz apagada.

Uno asoma a la puerta del bar, y lo primero que le echan en cara es la hora de retraso. Un servidor se calla y pide algo de beber para espabilarse. La revancha del día anterior estaba pendiente, y hay ciertas cosas que no se deben aparcar. En realidad, hoy y a estas horas, ya no tenía ganas de guiñote, de matanza, ni de na.

Un servidor toma unos sorbos del particular gin-tonic que le prepara el Alberto y hasta hace gestos de haberse despejado. La patente del gin-tonic especial era propia, pero cedí mis derechos al bar para que se pudiera explotar.

—¿Quién sabe si un día nos haremos ricos? La fórmula solo la sabemos los titulares y algún que otro allegado. El mismo nombre se le ha cambiado, y ahora se llama R.....o.

Como los asistentes y feligreses del bar son siempre los mismos, casi ya le tienen tirria a la baraja, y digan lo que digan, no queda otro remedio que echar un guiñote o ponerse a hablar de cualquier cosa para pasar el rato. Yo seguía dando sorbos a mi gin-tonic a la espera de ver cómo evolucionaba la tertulia, cosa que siempre acaba con el tema del campo, el ganao o el tiempo. Lógico, por otra parte, porque tampoco es que haya muchas más cosas por comentar.

Estando por medio dos cosecheros como Enedino y Vitorino, y cuatro truferos como Alberto, Jerónimo, Jesús y Santiago, era imposible que pasaran más de cinco minutos sin que se sacara a relucir el tema. Ya seguía llevando sobre el bolsillo de la cazadora la libreta de mis apuntes, y aprovechando que echaban un trago y para evitar la reiterada y pelmaza discusión de las trufas, les saqué a relucir el tema de las fuentes y demás aguaderos.

—¿De qué hablas?

—Este año tienen que echar todas las fuentes. Enseguida picaron y entraron al trapo.

—El Ojo ya hace dos semanas que reventó.

—Pues cuando revienta el Ojo, el Ojillo ya lleva dos meses de adelanto.

—No hay más que ver cómo echa el Cañuelo a caño lleno —respondía el otro—. Casi seguro que ya brotan los Ojos de Roque.

—Os aseguro que sí, que un servidor ya se ha dado una vuelta por allí, y no solo los Ojos de Roque, sino el Caño la Zorra y el del Reposero. Se quedaron un poco parados y…

—Pues habrá que ir a verlo.

Yo seguí haciéndome el tonto y los comprometí a que entraran en razones y se metieran en el asunto.

—Total, pa cuatro fuentes que hay…

—Eso es ahora; antes había una charca por cualquier lado, y aunque fuera verano, siempre había donde mojar la encañadura. Entonces, con la nieve de la primavera, se hinchaba la tierra para el resto del año.

Ya metidos en asunto y con el gusanillo de quién sabía más, cada cual empezó a desgranar nombres. Casi sin quererlo, se empezaron a quitar la palabra unos a otros. El primero en coger la palabra fue Vitorino, asegurando que en casi todas las casas del pueblo habían pozos, aunque hoy en día muchos están cegados o fuera de uso. En realidad, la existencia de pozos en las casas se debía a que las dos fuentes de uso público estaban a medio kilómetro de ambos lados del pueblo, y a excepción del agua potable para beber o cocinar, se solía aprovechar para el resto de servicios, como para servir de abrevadero a los animales, higiene de la casa o cualquier otro uso doméstico. La situación del casco urbano, la mayoría en cuesta, favorecía la recogida del agua de las canaleras para canalizarla a los pozos y, a su vez, sanear de paso las partes bajas de las casas.

Por el barrio de abajo aún existen en la casa de Fabio, de Juan Francisco y de Vitorino. En la casa del tío Agustín lo arrasaron al levantar la casa nueva. Entonces interviene Enedino y suelta la retahíla alrededor de su casa.

—En mi casa estaba en la cuadra ya desaparecida; en todas las de enfrente también había, aunque fueran pequeños y de poca profundidad, pero lo suficiente para sacar unos baldes para preparar la comida de los cerdos o para fregar los utensilios de la cocina.

Jerónimo, que no quiere ser menos, nos dice que él también tiene, pero que ya está cegado, aunque conserva el brocal del pozo.

—Recuerda que era la casa de la Juliana, y que al lado está la casa del Curato, con la existencia de un pozo de gran profundidad y de una perfecta obra de sillería de piedra rodena. Y puestos a presumir… en la casa de mis padres (de Jerónimo, claro está; hoy de su hermano Ismael), casa señorial del pueblo por excelencia y con un pozo digno de mención por su obra y su capacidad, capaz de abastecer a todo el personal de la familia y todos los servicios añadidos con toda su caballería.

Por seguir añadiendo, yo apuntaría los de casa del tío Vitaliano, del Perejana, de la tía Mercedes, del tío Germán, del tío Gonzalo y hasta en el barrio del Buen Amor y en la casa del barrio Abajo, en las casas de los Lázaros y las convertidas en majadas para las ovejas, como la del abuelo Gonzalo.

A todo esto, Alberto estaba con los codos apoyados en la barra del bar, mirando y esperando a que llegara su turno. Como todos llevaban sus correspondientes consumiciones ya repetidas, su faena era escasa o nula, y se dedicaba a repasar con el trapo la cafetera, que brillaba como si estuviera recién instalada. Yo quise coger la palabra, pero enseguida intervino Alberto y, raudo, me dejó con la boca abierta. El Alberto, que conocía unos cuantos pozos de sus correrías por el término del pueblo, se subió al púlpito de la barra del bar y tomó la palabra. El resto de feligreses se giraron prestos a escuchar.

Por ejemplo:

—En la Ermita hay dos; uno ya cegado junto a la alcantarilla de la carretera, el otro sobrevive protegido por una maleza de ciruelos.

—En el rincón de las Paredejas aún se puede localizar sobre los ribazones, tapado por unos tablones para que no se caiga alguna oveja distraída.

—El pozo de las Barracas, con su bomba para sacar agua y sus canales para abrevadero del ganado.

—El pozo de la fuente Don Pascual, con sus canales rústicas de madera que alimentan la balsa a escasos metros.

—El de las Cañadas y el de Valdelpozo. Estos dos ya desaparecidos a raíz de la concentración parcelaria.

Yo intervine, no con mucho acierto. —Del de las Cañadas quiero acordarme porque mi padre sembraba patatas por allí, y parece que estaba al lado del royo, pero del de Valdelpozo ni me acuerdo. O yo estoy ciego o no lo he visto nunca, aunque por el nombre no cabe duda de que haberlo, hubo de verdad.

Por entonces intervino uno que estaba harto de andar por las Lomas y se le ocurrió nombrar al del Pozuelo.

—Pues es verdad, llevas muchísima razón.

Otro que interviene…

—¿Y los de la fuente?

—Claro, los de los huertos.

—Bueno, bueno, a este paso, como sigan saliendo pozos, vamos a tener que convertir el término de Adobes de regadío.

—¿Y los que nos habremos dejado?

Yo pensaba que, a este paso, iba a llenar un par de hojas de mi libreta, y sin contar las pozas que tenía apuntás.

—Pues anda que si hablamos de pozas…

—¿Y qué diferencia hay entre pozos y pozas?

—Supongo que la misma que hay entre mozos y mozas.

La gracia hizo tan poca gracia, que ni se rieron.

—A todo esto, un listo tuvo la ocurrencia…

—Pues que los pozos son hondos y las pozas no.

—Ehhhhhhh…

—Puede…

—Pues, pues… que los pozos tienen la boca redonda y bien hechos de piedra, y las pozas se hacen cavando en la tierra una cubeta para que se recoja el agua y ya está. Zanjada la cuestión.

Yo seguía haciéndome el ignorante cuando me interesaba, con tal de sacar algún dato interesante. Al final, resulta que van a salir a relucir pozos, pozas y fuentes por todos los lados. De fuentes, de las de verdad, no es que haya muchas en el término de Adobes, pero casi nunca se quedaba el ganado sin beber agua. Hay algunas que son más famosas por el nombre que por su caudal, y sirve de ejemplo la fuente de la Aliaga, que casi nunca mana agua, a no ser en alguna ocasión cuando el temporal es más que generoso, y entonces hace hasta su arroyo particular por medio del piazo hasta el royo de Valdemartín. (Casi seguro que ni la habías oído, no sabes dónde está, ni si vas a buscarla no la encontrarás).

Que por preferencias siempre se nombran las mismas: el Cañuelo, la Fuente Vieja o de Abajo, la fuente del Espinar, la del Ojillo, la fuente Don Pascual, el Ojo, etc., etc.

Yo seguía intentando sacar más.

Y muchas más que sacaron a la palestra.

—A ver si me acuerdo de alguna más…

—La Roza de la Boticaria. Se trata de una pequeña surgencia del deshielo de la cuneta de la pista de Alustante, cerca del Pinillo. Según cuenta la leyenda, el agua es tan mala que cuando la bebes tienes que recurrir al boticario para curar el dolor de tripa.

—La fuente del Hontarrón. Ya desaparecida por falta de mantenimiento y de utilidad. Apenas puede imaginarse en tiempo de neveros en el rincón de dicho paraje.

—La del Prado de la Zarza. Igualmente desaparecida entre los humedales de dicho paraje.

—La fuente de Valdemartín. Por suerte, recuperada hace poco por necesidades de abastecimiento para el ganado lanar. De caudal permanente, suministrado de un pozo accesorio.

—La del Picario o fuente de las Burbujas. Situada debajo de la piedra del Picario y a escasos metros del Ojo. Su afluencia es estacionaria y coincide con el mismo Ojo, ya que se alimentan a su vez de los excesos de nivel freático del arroyo de los Molinos o Molinicos.

Por tiempos de primavera, podría decirse que también aparecían en los prados de Valderaimundo, por la Rinconada, en el vallejo Blasco, por Cañantormo, Sancho García, y todos aquellos sitios donde se pudiera almacenar agua de la nieve.

—Mejor paremos un poco para ir apuntándolas. Me vais a hacer un lío con tanto aguadero.

—¿A que no me dices ni media docena más?

—¿Que no…? Apunta: la fuente la Rosa, los Ojos de Roque, la fuente de la Lagunilla, la fuente el Burro, el pozo de Hontanilla Fría, la fuente del Juncal, el Caño la Zorra, la fuente de los Enebrales, la fuente del Reposero, la fuente la Chavida, la fuente de Peñarrubias, la de la Loma Carreteros, etc., etc., etc.

—No pongas más eteces, que ya no hay más.

—¡Madre mía! ¿Quién diría…? Que uno ha andao muchos años de pastor por todos lados y siempre queda algo en la mollera.

Uno se queda tonto ante tanto recital de memoria. Está claro que, como no me ponga a apuntar rápido en la libreta, mañana no me acuerdo de la mitá que ha dicho. Si tanta agua había caído y tanto echaban las fuentes, no era cuestión de perderse la ocasión de ir a dar una vuelta a ver cómo borbotaban los Ojos de Roque y el Caño la Zorra, que la última vez que pintaron la ocasión fue por lo menos hace seis o siete años.

Que el Cañuelo echaba a caño lleno, lo sabía de sobras porque mi padre me mandó a ver cómo estaba la cerrada para ir preparándola para plantar los ajos. Tampoco el Cañuelo es que sea mucho de fiar; tan pronto te da mucha agua como no, todo en función de las tormentas que se paran por el camino de Piqueras. Lo que sí era cierto es que en los Quiñones había un charco, bueno, más que charco era una gran balsa de agua en medio de los labraos, que hacía tiempo que no se iba y que les había impedido el sembrar el trigo en su tiempo justo. El encaño de debajo del Portalillo llevaba semanas sin parar de echar agua por la Callalante, y eso significaba que la mayoría de los pozos caseros estarían a punto de reventar.

Si todo lo que se veía y contaban era verdad, sería cuestión de largarse al campo a comprobar in situ y de primera mano la veracidad de lo supuesto, más que nada por ser el primero en disfrutarlo y de contarlo, teniendo en cuenta que este es un pueblo de secano y las oportunidades se presentan en cuentagotas.

—Y si fuera verdad…

—¡Qué gozada la mía!

Miré al sol, me ajusté los cordones de las botas, me subí el cuello de la cazadora hasta las orejas y me puse en camino.

—¡Allá que vamos!

Cogí reguero abajo por la calleja hasta llegar al camino de la Fuente, sin antes despedirme de unos perros que no paraban de ladrarme, quizás porque no me reconocían al ir tan arropado. Me volví, les di unas voces de reconocimiento y se callaron.

A la altura del prado de los Lienzos, sentí murmurar al royo de los Quiñones. Parece que bajaba algo enfadado al no poder correr como fuera lo habitual, debido a la cantidad de hierbajos y cardos acumulados de la estación del otoño. El enfado aumentó a la altura del puente de la Fuente de Abajo. Aquí, los espectadores eran los viejos olmos y todo el matorral de los huertos, y la causa, el aumento del caudal del lavadero y la cantidad de hojas caídas de los árboles, que obligaban al agua a tener que saltar y regatear todos los obstáculos hasta llegar al arroyo de la Badía.

Yo seguí repechando la ruta hacia la Chorrera, dejando a los viejos olmos, ciruelos y perales discrepar e intentando calmar los murmullos de las frías y cristalinas aguas del deshielo. Luego me enteré de que habían decidido reconciliarse y seguir juntos hasta el año que viene. Antes de llegar a la Chorrera, me di cuenta de que lo del agua iba en serio. Al royo de Valdemartín le debían venir apretando desde los barrancos de Cañalespino, y ya no entendía de cauce a respetar; el agua iba por donde le daba la gana, e intentar cruzarlo suponía tener que mojarse hasta la altura de los tobillos o los bajos de los pantalones.

Mientras miraba los chilancos y el desbarato del agua por el arroyo desde los aliagares de la Bartezuela, se me presentó la Cuca con ganas de saltar alguna liebre acamada a la solana de alguna aliaga. Yo seguí camino adelante hacia la Chorrera; la Cuca siguió entretenida olfateando por el costerón. Iba yo tan tranquilo tarareando una canción cuando saltaron una banda de gorriones a mis espaldas y, a la vez y de zopetón, la Cuca dando saltos como una loca. Una falsa alarma; no pasaba nada.

Uno tiene la tentación de pararse a observar cómo hasta del aliagar manan gotas de agua, formando unos insignificantes hilillos plateados lagrimeando entre las briznas de hierba que consiguen sobrevivir a las heladas de la estación invernal. Uno se recrea viendo cómo el arroyo es una retahíla de espejos que reflejan un brillante solecillo danzarín, acompasado de los pajarillos que se acercan a beber agua.

Ya cerca de la Chorrera, salta una chorla negra de entre los espinos, soliviantando la tranquilidad de los gorriones y poniendo en alerta a mi perra Cuca. Mientras yo seguía caminando, vuelven a volar los gorriones a una zarza próxima. Me van siguiendo de zarza en zarza en silencio, jugueteando con mi presencia. Entre el aleteo de los pájaros, siento un alboroto de ruido de agua al saltar por las lastras. Sigo hacia adelante para comprobar si ya es la Chorrera; apenas quedan unos metros, pero si fuera real, es que la cantidad de agua es excepcional.

La Cuca seguía a las suyas, olfateando palmo a palmo cualquier rincón sospechoso de albergar alguna liebre.

—Seguro que en cualquier momento nos da una sorpresa. Aquí, en el rincón de la Chorrera, el sol pega que da gusto, y hasta apetece sentarse un rato en las lastras a disfrutar del espectáculo y soniquete musical del agua al precipitarse y el gorgojeo y burbujeante de las gotas al volar entre las rocas. Poco a poco, el arroyo vuelve a recomponerse, haciendo cabriolas entre el matorral de zarzas, escaramujos y enebros.

Uno se relaja y punto…

La perra se acerca, me mira, me da unos lametones, se pone a dar vueltas a la charca y se echa un trago de agua. Yo sigo al solecillo, observando el chorro de agua cristalina que sale de la fuente que hay debajo de las lastras, atontándome con la musiquilla que destila el agua del arroyo.

Un par de ladridos de la Cuca me advirtió que allí ya estaba todo visto y que había que levantar el trasero e irse a otra parte. Uno se levanta, hace como que renquea y…

—Ala, Cuca, ¡vámonos!

La perra se me acerca, me da un par de ladridos y sale pegando saltos hacia el camino.

—Que vamos hacia allá.

Ella mira y cambia de dirección.

En realidad, la perra llevaba algo de razón. En el cruce de caminos podíamos coger hacia Alustante o hacia el Ojo. En este caso mandaba yo y le indiqué a la perra que era mejor ir hacia la izquierda por el bien de los dos. Yo prefería esta ruta, y a ella le interesaba también, pues podía repasar los aliagares de la Chavida, lugar por excelencia para acamar las liebres.

Repeché por el camino hasta llegar al collado, desde donde se puede ver todo el carrascal de la Pedriza con un manto de nieve. A mi espalda, la imagen del pueblo no podía disimular la estampa de un pequeño belén de Navidad, pero lo que más llamaba la atención era ver el serpenteante royo de Valdemartín, jugueteando con sus aguas plateadas entre las curvas rectilíneas que dibujan los piazos con sus incipientes biznas de trigo. Arriba, al fondo del barranco, entre las umbrías de los Majadales, los rincones de Cañalespino y las lomas de los Cotos, se ve cómo los lamparones de nieve y los ventisqueros destilan multitud de lágrimas que, poco a poco, se convierten en chorrioncillos de agua cristalina.

Me di dos o tres vueltas de rotación para poder memorizar todo el conjunto de imágenes que percibía mi vista y mejor organizarlas en mi fría sesera, y de paso ver de qué lado soplaba el aire, cosa habitual de hacer por estos lares, ya que otra cosa no habrá por aquí, pero lo que es aire, hay para dar y regalar. (Y viene a cuento, seguro que ya lo he repetido en varias ocasiones, pero dada la situación actual de contaminación a nivel mundial, nos habíamos planteado poner en el pueblo una fábrica de embolsar aire puro y promocionarlo, y con eso contribuir a la repoblación de la zona).

Casi que estaba en el sitio apropiado para tal quimera. El Puntal de la Chavida podría competir con el paraje de Malos Aires o la Loma de la Cordellera. Es un decir, porque a la hora de soñar, cualquier cosa es válida, sea realizable o no.

La Cuca me siguió porque sabía que iba por el buen camino. Ella siempre se desviaba por el mismo ribazón porque era raro que por allí no saltara alguna liebre, más teniendo en cuenta que la siembra estaba al lado y la querencia a acamar alrededor estaba asegurada. Ella sabía que, cerca de la calera abandonada, más de una vez nos había saltado justo en la misma aliaga. Seguro que la Cuca no se olvidaba de aquel día que una liebre salió a toda ciberina, cuesta arriba hacia el puntal, y en décimas de segundos tuve que soltarle los dos tiros, y en el segundo, ya trasponiendo, agachó las orejas de manera rara e inusual, quedándome con la mosca en la oreja de si le habría tocado algún perdigón. El suspense duró lo que tardó la Cuca en repechar a la loma y asomar con la liebre en la boca, aún a peleas que querer escabullirse.

Si dije de acercarme al rincón de la Chavida, aparte de lo susodicho, era porque todo el costerón del piazo aparentaba un manantial. De hecho, hasta hace cuatro días, en realidad hasta que llegaron los monstruos de tractores que revientan todo, había una fuente natural que muchas veces aguantaba hasta el mismo mes de la siega, donde se podía mojar la encañadura para hacer los vencejos y donde bebían y anidaban polladas de codornices durante toda la primavera y parte del verano.

Como el piazo era imposible de andar, me pasé hacia la umbría por la pequeña pineda que aún perdura y donde aún resiste una pequeña poza de agua donde siguen guarreando los jabalíes. La perra no dudó en meterse por medio de la maleza y perderse.

Yo seguí esquivando los charcos entre la hierba y los pequeños retoños de pino en busca de un claro donde diera el sol. El cambio de temperatura de la umbría me hizo subirme de nuevo el cuello de la cazadora hasta las orejas. En esta umbría, el sol parece que no tenga buenas relaciones con el pinar, pues la nieve no tiene prisa de deshelarse y hasta algún ventisquero resiste al paso del tiempo.

Estaba a punto de salir al sol cuando la Cuca asomó con la lengua de un palmo fuera. Yo le miré las patas y el morro y me convencí de que la carrera no había tenido éxito, aunque el susto sí que se lo había dado, fuera lo que fuere. Pasados unos segundos de descanso, le recriminé el hecho, cosa que ella aceptó pidiéndome perdón, alagándose como Dios manda y permaneciendo un largo rato a mi lado.

Andamos ya en solano buscando el camino del Villarejo. De hecho, era donde yo quería llegar; luego, lo que hubiera de ser ya se vería más adelante.

Que el Ojo echaba agua era evidente, y a borbotones. Desde el tesón del camino se podía ver y oír. Ver correr el Royo Molino a trompicones desde los picones de las piedras es como estar soñando, es ver un chorro de vida que no para de nacer y crecer.

La perra quiso bajar al Ojo a beber agua —eso pienso yo—; un servidor, por el contrario, prefería quedarse con la imagen serpenteante del arroyo y disfrutarla. Dejar que mi vista bajara y subiera royo arriba, royo abajo, las veces que quisiera, parándose donde le diera la gana y que se hartara de agua y vida hasta la saciedad, para cuando llegara el verano, se lo pudiera imaginar.

Yo seguía absorto mirando desde las Juntas hasta la dehesa Somera, preguntándome por qué esta situación no durara todo el año… —Claro, que nevar en julio es difícil; mejor dejar las cosas como están.

Mientras la Cuca olisqueaba por la orilla del royo, yo aproveché para echarme un caramelo de menta a la boca y recostarme en una lastra acariciada por el sol. Daba hasta gusto estar así, de desprenderme de la cazadora, observar los gorriones juguetear por el arroyo, observar los chorriones de agua que se desprendían como hebras de hilos plateados por las piedras de la Pedriza y secuenciar segundo a segundo las delicadas y diminutas gotas que desprendían las finas hojas de los enebros.

Seguía recostado al solecillo, sin darme cuenta de que una media docena de flores con pétalos de color amarillo y azul se me presentaron de improviso. —¡Válgame Dios! ¿Y yo sin darme cuenta?

No podía ser. A la primavera aún le faltaba casi una estación por llegar, un tren de tres meses, siendo muy generosos, y eso que el tiempo este de su parte. Aquellas pequeñas florecillas se habían aferrado a la vida, acurrucadas en un diminuto rinconcillo de las rocas y protegidas del gélido aire del invierno.

Apuré el cigarrillo, me tragué el caramelo de golpe, recompuse el vestuario y, en compañía de la perra, cogí ladera adelante bordeando el cauce del arroyo. Al lado había dejado la paidera del Ojo, allende de barda y hoy en bastidores.

Puede que ya lo haya contado en alguna otra ocasión, seguro que sí, porque a veces me repito más que el alioli, y eso que no me gusta mucho por aquello de que al hablar te descubren lo que has comido. Y es que en una ocasión diose que un tal Isidoro, el abuelo de casa de los Vitorinos y las Pilares, se fue de marcha o, mejor dicho, cogió las de Villadiego, y se largó, quién sabe por qué motivo, si porque se sintió poco querido en casa o porque se le metió en la cabeza, cosa que ya había hecho en más de una ocasión y que no pilló de sorpresa. Y a la que voy, que siendo ya en noche entrada y visto que no volvía, se llamó a la Benemérita y se puso en marcha el preparativo de búsqueda, formando varios retenes para repartirse por todo el término del pueblo y con preferencia a los sitios que de costumbre solía frecuentar. Y sigo… a la que voy, por suerte me tocó en compañía el Alberto y el Carmelo, con una linterna para poder manejarnos por el monte y con una escopeta para avisar mediante un par de tiros que la misión había sido resuelta y conclusa. (Y aclaro esto de la escopeta, porque por aquellos tiempos no existían móviles, ni fundamentos de que los hubiera, y un par de fogonazos en plena noche oscura se dejaban oír por toda la comarca y con ello quedaba enterada la Benemérita). La compañía estaba formada por el siguiente escalafón: un servidor treintañero con los galones de cabo y con su arma correspondiente, el soldado veinteañero Alberto con experiencia en la logística del terreno y el recluta quinceañero Carmelo, de estorbo más que otra cosa.

Digamos que algo de miedo sí que pasamos, más que nada por aquello de cómo lo íbamos a encontrar. Carmelo iba cagaito del to.

La Cuca me dio un par de ladridos para que arrancáramos a andar. Yo le pedí un poco de paciencia.

—Espera un poco, que estoy contando una aventura que me pasó aquí en la paidera del Ojo. Bueno, concluyo. Colorín, colorado... sabes cómo lo acabo... Pues que nosotros lo encontramos salvo y sano. Y a espigar...

Echamos a andar royo arriba. El arroyo no paraba de quejarse por el angosto que discurría y constantemente chocaba contra las rocas, soltando espumarajos y retorciéndose sobre el mismo, y es que bajaba más que alborotado, cabreado. Por si acaso, nosotros guardábamos la distancia de seguridad por si le diera por echarnos algún escupitajo.

Llegamos al puente del Villarejo con la bienvenida de la pinochá llena de nieve y los piazos a medio embarrar. Mientras decidíamos por dónde seguir, te podría decir que este paraje es un lugar de leyendas. Te cuentan de todo y más. En realidad, esto fue un antiguo asentamiento de cuando nuestros tatatatarabuelos sobrevivían y vivían como podían.

Que tiene relación con la Piel de Toro, con la cueva de los Moros, con los asentamientos de la Pedriza y la Erilla es seguro, y que tuvieron conflictos con los moradores del Morrón todavía más, y que la culpa de todo lo tenía la zona de Molinicos por su facilidad para la caza, por sus fuentes y sus zonas de refugio, tan seguro como que yo me llamo

Lorenzo y me comprometo cuando tenga recopilados y organizados los datos necesarios para documentarlo.

El enclave del Royo Molino es fascinante y digno de un estudio pausado y meticuloso.

La Cuca me volvió a ladrar de nuevo.

—Que ya voy, impaciente.

Volvió a ladrarme casi enseñándome los dientes.

Menos mal que cuando llegamos al puente del Villarejo dejó de gruñir. (Me refiero a la perra, no al arroyo). Por aquí, el agua navegaba restregándose en la hierba de la ribera sin querer avanzar, dándose la vuelta en los chilancos y escondiéndose entre las sargas. Las piñas que bajaban a la deriva desde la dehesa Somera navegaban por el cauce buscando cualquier recodo donde vararse y esperar a que el arroyo volviera a enfadarse y continuar de nuevo la ruta.

Hubiéramos acortado por medio del piazo, pero el barrizal era inevitable, así que optamos por seguir por el estrecho ribete que quedaba entre el arroyo y el labrao. Apenas un centenar de metros nos distanciaban del objetivo a cubrir.

El problema era cruzar el río. Y digo río porque, cuando llegamos a la orilla de los pinos, el arroyo se había ensanchado aprovechando el pequeño prado llano que se abría en el vallejo.

La Cuca no tenía ningún problema; de hecho, ya lo había intentado con éxito en tres o cuatro ocasiones en su afán de cazurriar y olisquear todo lo que se ponía a mano. Yo sí que llevaba rato intentando buscar el sitio y la manera más cómoda de saltar, aunque fuera mojándome solo un pie.

Yo me preguntaba… —Si en el colegio participaba en el campeonato de salto de longitud y hasta llegaba a los seis metros y pico, ¿por qué no lo puedo hacer?

Por suerte, encontré el sitio apropiado. Miré, calculé…

—Eso me lo salto yo.

Cogí carrerilla y ¡zas!

Me sobró más de medio metro.

—Ya sabía yo que me lo saltaba.

La perra, instintivamente, pensó que había saltado una liebre o coneja y se puso a dar saltos como una loca. La alegría le duró lo que a mí recomponer la compostura.

—Parece mentira, sabes de sobras que hoy no vamos de caza. Hoy vamos en busca de los Ojos de Roque.

La perra, que sabía que hablaba con ella, se me acercó, me hizo una reverencia con sus carantoñas incluidas, dio un par de ladridos y se separó de nuevo de mi lado.

Tenía casi a la vista el Caño de la Zorra. Mi oído me decía que el soniquete del agua iba cambiando cuanto más me acercaba. Esa música la conocía, y la evidencia de que salía agua a borbotones no engañaba, pues un riachuelo venía de las piedras donde estaba ubicado.

Hice unos pasos más con la precaución de mojarme los pies y…

—¡Ahí está!

La Cuca dio un salto y… una zorra. A correr tocan. Yo pensaba: ¿Cómo pueden criar las zorras aquí? La Cuca pensaba: Si de aquí tiene que salir una zorra, lo tenemos claro.

Pues sí, es la pura realidad. Se llama el Caño de la Zorra porque aquí crían dichas elementas en la temporada en que queda seco y pueden meterse metros hacia dentro y proteger a las crías.

—Dicho queda.

Yo pensaba: Si este chorro de agua saliera a perpetuidad de las piedras del Sestero, corriera por los Quiñones, brotara por el Cañuelo, por el Arbolejo o el Espiñar, ¡madre mía!, ¡qué gozada! Un agua limpia, pura, cristalina que se deslizaba hacia el arroyo como una serpiente recién mudada su piel, acompañada de un cascabeleo de borbotones capaz de hipnotizar al mismo arroyo.

Yo no pude evitar meter mis manos y coger un puñado de agua para llevármela a la boca. Era casi un pecado original beber de aquella agua, pero la tentación podía más que mi ser.

La Cuca, viendo que yo estaba ensimismado en el caño, aguantó a mi lado tanto como yo, y hasta tuvo la misma tentación, acercando el morro y pegando unos lametazos. En vista de que habíamos pecado los dos, decidimos irnos solitos del paraíso sin esperar a que saliera la zorra.

La serpiente de agua se quedó tan tranquila y contenta.

—¿Cómo hemos picado?

—Mejor, ¿cómo hemos pecado? —me ladró la Cuca.

El royo seguía camino del Reposero, tan apuesto, contento y juvenil. Volvimos a saltar y nos pasamos al otro lado en busca del encaño que sale junto al arroyo, debajo de las piedras que sirven de aprisco para el ganado. Este inesperado e insospechado encaño sale a apretujones, sin saber muy bien por qué escogió este lugar. La naturaleza es sabia y sabrá sus motivos.

Yo sabía que los Ojos de Roque estaban al caer, y la perra seguramente también, pero el camino que cogía no llevaba trazas de encontrarlos. Más que oírlos o verlos, los presumía. Tenía que volver a cruzar el arroyo, pero por aquí se estrecha y es fácil la travesía.

No podía fallar. De la manera que echaba el Caño de la Zorra, los Ojos debían estar a reventar. Todo era cuestión de andar unos metros salvando unos espinos y volver a cruzar el arroyo. Lo hacía tan a gusto que, aunque me mojara los pies, me daba igual.

La Cuca, que me vio la intención, se me adelantó.

—¿Esta me quita la vez?

Yo engañé a la perra haciéndole ver que lo que buscaba era un conejo, cosa que no le pareció muy bien, quedándose quieta, mirándome y sospechando del engaño.

—Tú busca por allí, que yo busco por aquí.

No había duda de que echaban. El chorro casi era tan grande como el que bajaba de la Cabezuela, obligando al arroyo principal a echarse a un lado para dejarle paso. Este es un lugar de remanso donde se juntan, a la vez, el Caño de la Zorra, el encaño del Reposero, los Ojos de Roque y el arroyo que baja de Bajo las Ollas. Todos juntos, a la vez, formarán, junto al Ojo y la Fuente de las Burbujas, el arroyo de los Molinos o Molinicos.

Uno, que aunque está acostumbrado a ver tal espectáculo por estos lares, no muy a menudo, se alegra un montón e intenta guardarlo en la retina para cuando la ocasión lo requiera. —Que uno ha visto ciento o más por toda la geografía española, pero tratándose de mi pueblo, tiene un sabor especial.

Uno disfruta viendo cómo la tierra abre su epidermis para darnos lo más valioso que tiene: su agua. Un manantial temporal que, tras varios meses de preñez, abre sus entrañas para ofrecernos el alimento más básico para vivir.

A mí no me queda más remedio que sentarme a su lado y tratar de entender su misterio oculto. Uno no se cansa de escuchar su musicalidad entre sus arenillas doradas y la rejuvenecida hierba verde. Uno se deja llevar…

Si por irme fuera…

Aquí me quedaría.

Si por seguir aquí…

El arroyo me llevaría

donde él quisiera.

Si me he de ir…

El reloj se pare unos segundos,

unos lentos minutos,

y luego me dejaré llevar.

Se abría el ribazón

en mil heridas,

brotando chorros

de esperanza y vida.

La Cuca, que vio que mi meditación iba para rato y lo del conejo era mentira, cogió el portante y se largó hacia la pinochá a ver si tropezaba con alguna liebre entre la maleza.

—Mejor que mejor; hay veces que estar solo es gratificante y necesario, y la ocasión no podía ser más pintada.

Yo miraba a mi alrededor y solo veía salir agua por todos los lados, por medio de la hierba y hasta por los enebros y zarzas. Observaba cómo brotaba el agua, burbujeando entre los cantos rodados y la fina arena, cómo se abrían los párpados del ribazón mostrando sus cristalinos ojos y cómo se desmelenaba la tierna hierba entre susurros y guiños de alegría. Yo simplemente miraba.

Estaba tan ricamente en el verde césped que no sentía el aguazón que me estaba entrando por el trasero del pantalón. Seguro que luego, al levantar, notaría la humedad, pero, dadas las circunstancias, no me iba a quejar lo más mínimo.

Tuvo que ser la perra la que me pusiera en sobreaviso con unos ladridos.

—Ya está, una liebre, seguro.

Inocente de mí, salté como un galgo a ver qué pasaba. Anduve unos pasos y me metí en medio del pinar para encontrarme a la Cuca ladrando en la orilla de los pinos.

Falsa alarma; no vi nada.

Volví sobre mis pasos, y lo que sí pude ver eran más ojos echando agua a raudales.

Chorreaba el agua
cristalina y pura
entre la verde hierba
melosa y tierna.

La Cuca seguía ladrando sin parar.

Yo seguía sin ver nada.

La Cuca no paraba de dar vueltas alrededor del pino. Yo lo único que veía era agua y más agua, cómo el arroyuelo se iba haciendo cada vez más grande. La perra, viendo que no le hacía ni puto caso, se acercó y me volvió a ladrar.

Como no le hacía caso, ella se volvió al pino y se puso de pie en el tronco con la intención de saltar. Me volví ante tanta insistencia y me puse a mirar con detenimiento por las ramas del pino, llegando a la conclusión de que el motivo de tanta escandalera no era otra que una ardilla que andaba columpiándose y jugueteando de rama en rama, sabiendo que la perra poco tenía que hacer.

—Pues lo tenemos claro.

Ella me miró y me contestó ladrando, solicitando mi ayuda.

—¿Cómo no sea…?

Cogí una piedra, cogí dos, cogí, cogí…

—Sabes qué, que no hay nada que hacer.

La perra se dio cuenta de que mi tino no era el más acertado, que yo nunca había sido pastor y que nunca le iba a dar. Dejó de ladrar y se fue para otro lado.

—¿No pensarás que me voy a subir al pino?

La Cuca ni me escuchó, no me hizo ni caso.

Olvidado el tema, yo seguí más contento que unas pascuas. Enfilé royo arriba hasta el camino de Alustante, allá por Bajo las Ollas y la Cabezuela, con dirección hacia la Olla Primera. A mi vera iban quedando una retahíla de paideras en ruinas, allende una de las actividades más productivas para la supervivencia del pueblo.

A la altura de la Olla de en medio, volvió a aparecer otra vez la perra con la lengua fuera. Otra carrera sin éxito.

Como no era cuestión de cruzar por medio de los labraos, decidí meterme por los aliagares que llevan al cordel de (en estos momentos no me acuerdo del nombre) que separa las Ollas y que me dejaría a las puertas de la Fuente Don Pascual.

En este cordel he tenido la suerte de coger algún morral de setas, ver más de una liebre y volar a más de un bando de perdices. Y la desgracia de tropezar con alguna que otra liebre o perdiz y, en un día agraciado, llenar el morral de caza para casa. Y se me olvidaba, aquí están los rebollos más grandes de todo el término de Adobes.

Entre nieve y robles iba dejando mi rastro hasta llegar a la umbría de las Fuentes, donde el caminar se hacía más difícil debido al espesor de la nieve. A todo esto, la perra ya iba camino de las Conejeras. No hay que dar más explicaciones.

El nombre del paraje lo dice todo. Me refiero a las Fuentes. Por aquí había varias fuentes, hoy casi todas abandonadas, a excepción de la de Valdemartín, la Aliaga, Hontanilla Fría, la fuente del Burro y la que estamos a punto de llegar. Y si me refiriera a las Conejeras, pues a buen entendedor, con pocas palabras bastan: sitio donde los conejos se reproducen a gran ciberina.

¿Que si la balsa está llena? La respuesta era tan cierta como segura: a reventar.

¿Y el pozo? Pues, ¿cómo va a estar? Se sale por el brocal y corre el agua hasta la balsa y más. Con la nieve acumulada en el temporal y el agua del deshielo, cualquier cosa es posible.

Crucé un pequeño arenal junto al camino y me acerqué a ver si aún quedaban bellotas de antaño. (Y es que hace años, siendo un chaval casi zagalindrón, estaba mi padre haciendo la casa nueva y me mandaba con los mulos a por arena para la obra, con tan buena suerte que me encontré entre la arena un agujero lleno de bellotas en perfecto estado que debían haber guardado los roedores como despensa para pasar la temporada invernal). Me tiré comiendo bellotas lo menos una semana sin parar, de lo bueno que estaban.

Sigo, que me enrollo…

La nieve seguía derritiéndose por todos lados, chorreando por los costerones de la dehesa. El camino ya se había convertido en un carril de agua que buscaba una salida natural hacia el arroyo que baja de Cañalespino. A mi solana, los piazos de las Decarás pintaban de verde y pletóricos de charcos.

Ahora ya no había remedio. El sitio donde me movía estaba enfangao de agua y barro, y mis botas y pantalones empezaban a sentirse incómodos en tal situación. Me salí a un filo verde de hierba que quedaba entre la nieve y me acerqué a ver el pozo.

El agua bajaba por el vallejo, llegando hasta el mismo pozo. Por el brocal, el agua manaba por todos los huecos que quedaban entre las piedras, sin atender si iba a las viejas canales de madera o a la propia balsa. Por los zarzales que rodean la fuente salían cientos de hilillos diminutos sin saber hacia dónde ir a parar.

—Así da gusto —pensé yo.

Hacía rato que no sabía nada de la Cuca. Le di unos silbazos y decidí esperar un poco a ver si aparecía.

Aprovechando la espera, agaché el hocico y me pegué un trago en las canales. Luego aproveché el brocal del pozo para sentarme un poco en seco y no mojarme el culo. El sol se hacía pasar por primavera, aunque era algo engaño-so. Me di cuenta cuando empecé a notar cierta humedad en los bajos de los riñones, lo que me obligó a repensar la situación y levantar anclas. De mitad para abajo ya iba más que mojado, calado.

Visto lo vivido, dudaba por dónde tirar. Si cojo por la Lagunilla, el camino se presumía bien y cómodo; si por el camino de los Poyales y la fuente del Burro, mal, muy mal; y la otra ruta era bajar todo el royo de Valdemartín a salir al camino del Armachal.

—Hecho a suertes… o casi que mejor…

Justo cuando iba a decidir, se presentó la Cuca pringada con barro hasta las orejas. Sin decir ni pío, cogió en dirección a Valdemartín.

—Pues palante…

Me dejé llevar por el curso del arroyo. Yo la seguía como podía, hasta que decidió seguir el rastro de un conejo que subía hacia las piedras. El agua se deslizaba a más de prisa, con un arroyo tan contento que destilaba murmullos cons-tantes entre los juncos y hierbajos que se arremolinaban al lado de su cauce. Yo simplemente miraba, observaba con disimulo y me dejaba llevar.

Todo era tan real que me parecía imaginario.

Yo vi cómo brillaban los bolos,
cómo sudaban las lastras,
cómo lloraban los enebros,
los tollagos y aliagas.

Sentí silbar el viento,
el murmurar de las zarzas,
cómo nacían las estrellas
entre las burbujas de agua.

Seguía royo abajo, metido entre agua, nieve y hierba, entre tenues rayos de sol y paisaje de magia. Igual daba ir por aquí y pasar al otro lado, que saltar al ribazón y meterte al labrado. Todo era un lagrimeo constante de aliagas, zarzas y enebros. El barranco por el sureste se hacía frío bajo las rocas heladas y el matorral que las guarda, mientras que, al otro lado, el solano se hacía querer e invitaba a ladearse y mojarse las posaderas. Seguía perdido en la soledad y envuelto en la magia del barranco. Me quedé mirando al sol por ver qué hora llevaba y, por poco, me quedo ciego; casi ya no veía nada. A veces uno cierra los ojos para sentir la magia, o no sentir nada.

Vi gesticular al junco,
cómo el berro gesticulaba,
cómo brillaba la charca
con el agua medio helada.

Vi que todo era real,
que era naturaleza viva,
y puede fuera el preludio
de una bella primavera.

Y si a poder ser, fuera,
que yo no me lo perdiera.

Tras salir de la ceguera, ver que la Cuca seguía entretenida de caño en caño comprobando si algún conejo había salido de la guarida, continué por el curso del arroyo hasta la colmenilla artificial que se hizo para abrevar el ganado.

A no muchos metros, la nueva fuente de Valdemartín, con un chorro más que envidiable. Esta fuente, de nueva construcción, se hizo tras recoger el agua en un pozo en medio del arroyo y bajarla por gravedad por medio de una tubería. Un jaraíz permite beber agua a todo un rebaño de ovejas.

Como no tiene más historia que contar, seguí para abajo hacia la siguiente fuente. Llegué a la fuente de la Aliaga sin darme cuenta y con las botas llenas de barro y empapás de agua. Al poco llegó la Cuca, se revolcó y se restregó unas cuantas veces por la hierba y, tras acicalarse, hasta parecía otra. Se había olvidado de los conejos y, por momentos, lo único que hacía era retozar.

Las piedras lloronas del barranco ya se nos habían quedado atrás. El arroyo seguía cada vez más aprisa y con más agua. Los pájaros que había alrededor de la fuente huyeron volando cuando vieron a la perra con ganas de cachondeo; un par de cuervos que estaban apostados en unos rebollos cercanos tomando el sol saltaron hasta el puntal de la loma, y un bando de palomas de la iglesia del pueblo no paraban de dar vueltas alrededor de la Esteva buscando dónde posarse. Nosotros ni nos inmutamos; solo buscábamos tranquilidad y estar un rato en la fuente.

(Ahora que recuerdo, y antes de que se me vaya de la mollera, la loma aquella que nombré hace un rato entre la Olla de en Medio y la Olla Primera se llama la Chata. Y por aclarar… es que una loma casi llana, o mejor dicho, chata).

A veces, la calavera no tiene el tiempo suficiente para procesar tanta información, y la pequeña libreta de campo se queda viuda de bolígrafo o lápiz. (Os diré un secreto a voces: lo de la libreta es verdad que la usaba cuando escribí estas destartaladas hojas, pero en este momento, ahora que han pasado los años y vuelvo a repasarlo, ya tengo en mi poder un móvil de alta generación).

Estaba en…

—Ah, sí.

El sol, por momentos, se hacía apetitoso. Dejé mi cogote al aire y tiré un poco de las mangas de la camisa para que se aliviaran las venas de los brazos, y descremallé de arriba abajo la cazadora. Puestos a aliviar, hasta me bajé la cremallera de los pantalones para echar una calentita y generosa meada.

Encontrar la fuente de la Aliaga cuando echa agua es tan sencillo como encontrar un elefante en un pajar: es seguir el reguero que baja por el piazo de la derecha del arroyo hasta llegar a su lugar de nacimiento. Puede que algunas aliagas la camuflen en el rincón, aunque el disimulo queda al descubierto a las primeras de cambio.

La fuente en sí es una simple y sencilla cubeta en forma de colmena, de piedra rústica y aprovechando la salida de un encaño formado por la naturaleza de forma natural. Su figura cuadrada tiene unos dos palmos por lado y una profundidad de unos veinte centímetros, y su caudal es el típico de cualquier encaño de los que hay por el pueblo, siempre temporal y dependiendo del deshielo.

Su cristalina y fría agua invitaba a echar un trago, pero sabiendo de la leyenda popular de que da dolor de barriga, uno se abstiene porque no encuentra justificación para hacerlo, y más teniendo en cuenta el día que hace y que el estómago, a estas horas de la mañana, ya reclama su vianda correspondiente.

Uno, en su arrebato de principiante por salir al campo, había echado unos caramelos de menta para intentar olvidarse del tabaco, en vez de haber echado un buen bocata de chorizo, así que apresura el ritmo y se pone a rizar las eses que dibuja el arroyo en su recorrido para llegar al camino de Alustante.

Tras las eses, no te queda más remedio que meterte por medio de los labraos o seguir junto al royo, ya más calmado y pausado, con un cauce más llano y amplio. A un servidor se le ocurre hacer un barquillo con la pasta del caramelo y ponerlo a navegar. Intenta seguir su paso, y cuando quiere darse cuenta, tiene que ponerse al trote, luego al galope, y decide dejarlo ir.

Bajábamos la Cuca y yo al troteando, casi corriendo, royo abajo, haciendo eses, y casi me paso de largo el camino. Desde que han hecho los caminos nuevos de la concentración parcelaria, el desvío del camino del Armachal, o pones mucha atención o te lo pasas de largo. La historia va borrando las huellas de nuestros antepasados.

A un centenar de metros de cogerlo, uno ya no sabe por dónde cruzar; el agua sale por donde le da la gana. Una serie de encaños de los piazos en costera y el ribazón del camino hace que el prado, que sirve de paso al ganao, sea todo un manantial de agua.

No es de extrañar que se llame Armachal, y que salgan cardos por todos lados. De ahí que las mujeres, cuando venían a escardar al lugar, y para no pincharse, tuvieran que echar mano a largas faldas en forma de chal, y de esta guisa, armarse de chal. ¿Puede ser Armachal?

Mientras chapoteábamos al cruzar el prado, unas palomas no paraban de sobrevolar el cielo en dirección a las piedras del Atajuelo. La Cuca levantó el morro y salió en dirección contraria, hacia las alegas de la Esteva. Yo me la quedé mirando.

—Ésta sabe más de lo que le han enseñado.

Yo la llamo y no me hace ni puto caso.

—¿Verás cómo las echa?

No podía fallar. Ni medio minuto tardaron las perdices en salir volando. Lo tenía tan seguro como que cada día están revolcándose en las mismas zarzas.

Me pasaron por encima como misiles. Yo les apunté con una vara que llevaba de seguridad, pero que si quieres. Pocas veces había tenido un tiro tan bueno. —Debe ser por aquello de que el azar hace que al cazador siempre le salga la pieza cuando lleva el arma descargada o cuando está tranquilamente tirando los pantalones.

—Joder, se me ha ido el dedo y me ha salido un cuatro.

—¿De cuatro? Nada, por lo menos iban una docena.

—¿Una docena?

—Bueno, tampoco vamos a discutir.

La Cuca salió corriendo sin saber dónde iba. Tardó en darse cuenta lo que meterse en el barro. Solo falta que ahora me ponga las patas encima.

Si yo no me embarré más de lo que ya llevaba, era porque el agua iba corriendo por los carriles que habían hecho los tractores y porque los pantalones ya no podían absorber más.

Había dejado el Armachal y, tras pasar por la Bartezuela, estaba a punto de llegar al camino de la Esteva, y esto era como llegar a una carretera general. El pueblo lo tenía a vista de postal y a tiro de piedra, y mi estómago ya no tenía motivo para quejarse. Todo era cuestión de dejarme caer al prado de los Lienzos y aprovechar el hierbazal para limpiarme las botas del barro.

La Cuca, que no se daba por satisfecha, se largó hacia los pinos de Enedino, a ver cómo estaban las tres o cuatro camas de liebre que sabía de memoria. Yo bajaba más pendiente de las botas que de lo que pudiera hacer la perra.

Y saltó la liebre. Vaya que sí saltó. En un descuido, me esbaré y cogí un liebrusco de campeonato, vamos, de los que hacen época. Por lo menos, de metro y medio o más.

La perra, que no las había visto nunca así de grandes, acudió corriendo para no darle tiempo a enderezarse. Solo faltaba eso. Encima del tozolón, llega la perra y se pone a jugar con la liebre aún por los suelos.

—Pero bueno, ¿tú qué te has creído?

La perra, que sabía que no se podía escapar, no paraba de hacer la puñeta.

—Venga, déjame.

La Cuca no paraba de ladrarme.

—Tú lo que quieres es que me levante y me vuelva a caer.

La perra seguía jugando.

—¿Anda que hoy no te lo has pasado bien?

Ella se puso a retozar. A mí casi me dieron ganas de hacer lo mismo.

La ocasión lo merecía.

La Cuca y yo nos llevábamos también que nos gastábamos bromas en cualquier momento. Ella sabía que siempre que podía la llevaba al campo. Siempre, cuando llegábamos a casa, nos echaban broncas al llegar por el barro que llevábamos en las patas. A mí más que a ella, porque se daba media vuelta y se iba otra vez a la calle.

Lo primero que hice fue quitarme la ropa. Yo le tenía tanto apego y me sentía tan a gusto con la indumentaria que usaba para ir al campo, que me costaba despellejarme de ella. Cuando me cambiaba, me sentía diferente y hasta raro.

Aquellos pantalones llenos de manchones verduscos y marrones, aquella cazadora color oliva aterronada y aquellas botas color cieno me mimetizaban tanto con el campo que no podía prescindir de ellas. Ir vestido de calle me suponía una ofensa a la naturaleza.

Seguramente, cuando compré los pantalones, no contaba ni que me duraran tanto, ni que fueran también aprovechados. Ni que decir tiene que un servidor pensaba usarlos para ir a cazar, como hace cada quisqui que se aprecie de ir con un mínimo de decoro en el arte de cazar, pero con el tiempo se me hicieron con tanta querencia que no había manera de deshacerme de ellos.

(Sé que estás pensando que repito las palabras como si fuera un tartaja y más. Lo digo por lo de antes: **ni que, ni que, ni que**…, pero es que me recordaba aquella frase que se solía repetir en la jerga de la caza cuando uno fallaba el tiro: «Ni que, ni que te la pongan en el morro, la matas»).

—Perdón por lo de matar. No era mi intención.

—No vale el perdón.

—Te recuerdo que la historia de este pueblo está escrita con la actividad de muchas gentes que dependían de la caza para sobrevivir y alimentar a sus familias.

Puede que la culpa no la tengan los pantalones, sino el cambio que experimenta uno con el tiempo. Uno empieza siendo cazador por afición y termina siendo un amante del campo por obsesión.

La cazadora la encontré por casualidad en un mercadillo. No es una cazadora cualquiera, es mi cazadora. Cuando la compré, llevaba un pin y unas esvásticas de adorno a modo militar, pero como no estaba muy convencido de lo que significaban, y por si acaso…, las arranqué. Quedaron las marcas, pero con el tiempo se fue decolorando y desgastando hasta que se quedó de color rebollo.

Le tenía mucho aprecio. A la pobre la perdí por el monte un día que apretaba el calor y se quedó colgada en una carrasca. Nunca más se supo de ella.

Tenía seis bolsillos que te permitían meter de todo: las manos, la cartera con la documentación de la caza, el bocadillo, el paquete de tabaco, los guantes, el pasamontañas y hasta un puñao de caramelos. Pesaba tan poco que no te enterabas de que la llevabas puesta.

Mis pares de botas los tengo siempre en fila y bien organizados. En cuanto llego a casa, lo primero que hago es quitarles el barro y limpiarlas como Dios manda. Tengo, por lo menos, cinco pares, y nunca se pelean entre ellos porque saben que a todos les llega su turno. La mayoría de ellas son para la nieve, incluidas las kachuscas, pero tengo un par para el uso de la motosierra y otras de piel más fina para vestir.

Las compré por estaciones, pero nunca las guardo en el zapatero porque las estaciones ya no son serias y hacen del tiempo lo que les da la gana. Les he hecho una estantería en la cuadra, y de esta manera puedo elegir tanto en invierno como en primavera. Hay un par de pares que ya son viejos y les cuesta salir al campo; yo ya lo tengo en cuenta y solo me los pongo con días de sol o en el verano para cazar la codorniz.

Aún recuerdo, de chiquitín, cuando se usaban los "botos" y las abarcas con la nieve. Los pies son muy delicados con el frío, y la mejor manera de ir protegidos, a falta de las tradicionales botas, era ponerse capas de protección. Unos buenos calcetines, los piales, unos buenos botos de goma para que no pasara la humedad y unas buenas polainas de piel hasta las rodillas.

¡Vamos!, neardentalis modernis.

Tras haberme aseado como Dios manda, me puse las mismas prendas parecidas, pero de distinto color. Lo de andar por la capital del pueblo.

La Cuca me reconoció a la legua por el olor y quiso saber qué colonia me había echado encima, intentando encaramarse a mis hombros.

—¡Cuca!, ni lo intentes.

La Cuca insistía una y otra vez.

Con lo limpio que me había puesto, solo faltaba que ahora me dejara las huellas de las patas marcadas en toda la pechera.

La Cuca sabía que yo iba buscando la comida. Ella sabía que se la había ganado igual o más que yo, por eso me seguía a mi sombra. Los dos llevábamos la misma dirección: a la matanza.

—Como te dé por entrar, te la ganas.

A la perra le debía pasar igual que a mí; el hambre podía más que la inteligencia. Seguía insistiendo en entrar dentro.

—Verás cómo te llevas un escobazo.

La Cuca se había llevado tantos escobazos que, si eran con un trozo de carne en la boca, no le importaba. (Ella no lo sabía, pero un servidor había puesto una perola a calentar con todos los restos del cochino para luego repartirlos entre todos los cánidos).

Ella se quedó mosqueada y parecía decirme… ¿Qué decías de comer?

—Mejor será que te quedes fuera por si acaso… que a lo mejor sales ganando.

La perra dio un par de ladridos y se quedó en la puerta esperando, asomando el morro para oler lo que se cocía dentro. Al poco, yo le acuqué el ojo y al instante le saqué el puchero con su parte de comida.

En menos de un minuto, se ventiló toda la comida y hasta tuvo la delicadeza de dejar limpio como una patena el puchero.

El estómago no estaba para hacer ascos a la comida, fuera lo que fuera. Lo mismo daba que de primero fuera salsa y de segundo estofado de carne, que fuera todo revuelto y con plato único. Lo que era seguro, tratándose de la matanza, es que había chicha para comer.

El calor de la lumbre y el solecillo que entraba por el ventanuco invitaban a abrir la puerta de la cocina para que saliera el humo. Los chorizos llevaban un color requetebueno, y la noche se presumía fresca y con hielo fino, el de curar hasta las piezas más delicadas.

La tarde avanzaba tan aprisa que se hizo de noche sin darnos cuenta. Apenas una taza de café y un par de cigarros nos obligaron a meterle metralla a la lumbre y recostarnos sobre las sillas al calorcillo.

Hay ratos que hasta el aburrirse es bueno.

Uno se tira parte de la noche mirando cómo se curan los chorizos y las morcillas, y saliendo de vez en cuando para respirar aire puro y ver cómo lleva la luna la noche. A la hora, vuelve a salir a pegar otro par de bocanadas y a ver si se ha helado el agua de la caldereta.

A medianoche, son los perros los que alertan de que algo no va bien, y que, con toda certeza, a no más de cien metros, hay una zorra merodeando al olor de la matanza. Un par de ojos brillando en la oscuridad dan fe de lo ocurrido. Al poco, se callan los perros, y todo vuelve a la tranquilidad de la noche.

La noche se hace larga y morrocotuda. Hartos de mirar los chorizos y las morcillas y de restregarnos los ojos, decidimos levantar el culo de los escaños y largarnos a la cama.

Un servidor se camufla con tanta ropa que hasta los perros y las zorras se asustan. Me despido con unos gestos reconocibles de los perros y tomo camino a casa. Apenas una casa con luz en todo el trayecto, y el reloj de la iglesia marcando las cuatro de la tarde y dando unas campanadas a lo tonto.

—Yo creo que se le ha helado la cuerda, aunque lo más seguro es que haya perdido la noción del tiempo.

Por suerte, al llegar a casa, el calor de la calefacción de la habitación me permite ponerme en calzoncillos sin ningún reparo. Uno lo agradece una barbaridad; se mete a la cama, se acurruca y se duerme pensando en el frío que hace en la calle.

Ahora que estoy dormido y soñando, recuerdo cuando era niño…

Por entonces, cuando nos íbamos a la cama, el remedio para entrar en calor era calentar las sábanas. Lo habitual era irte caliente ya desde la cocina y meterte rápido entre la ropa y taparte hasta las orejas. Otras veces, solían meter un ladrillo caliente en un zurrón e ir moviéndolo por el catre hasta entrar en calor o, en el mejor de los casos, los calentadores con sus correspondientes ascuas o carbón en su interior. Con el tiempo, ya en la edad moderna y a mitad del siglo XX, llegaron al pueblo las bolsas de goma que permitían aprovechar el agua de las lumbres o de las cocinillas de hierro que ya llevaban un depósito a propósito para tal efecto. Puede que en alguna ocasión te fueras más que caliente, bien por mal comportamiento o porque no entendieran tu conducta.

Uno se levanta al día siguiente cansado de tanto dormir. Se levanta tarde, cuando el sol ya lleva dos horas de camino y la escarcha empieza a dejar escurrir las primeras gotas de agua, y cuando sabe a engaño de bocadillo y a humo de chimenea mal encendida.

Cuando un servidor se asoma a la ventana y ve al gato como se relame y se asea al solecillo del balcón y al perro como levanta la pata y mea en el tronco del chopo, es que ya es hora de salir a la calle. A uno le da envidia y hace lo mismo: se coloca la ropa de paseo y sale a la calle intentando disimular la holgazanería que lleva a cuestas.

En Navidades, los días duran tan poco que lo que tienes que hacer, o lo tienes muy bien previsto o no lo haces. Como te pongas a frotarte las manos, malo, malo; mejor no lo empieces.

Cuando yo quise llegar a casa de mi primo, ya no era hora de nada. Y ni aun así, no nos lo pensamos dos veces. Mientras él preparaba la motosierra, el aceite y la gasolina, yo me puse a arrancar la vieja tartana de coche.

Mi primo Cosme tiene un coche que parece una tartana. Tiene otro de más de cinco metros y de lujo, que solo lo usa para bajar a Monreal del Campo y siempre que vayas con ropa de la de vestir. De hecho, es de los que solo sirven para fardar.

La tartana, un Renault diez y nosecuantos, siempre estaba dispuesto a cualquier servicio, por difícil que fuera. Nunca se quejaba de nada, y por no quejarse, ya ni le quedaban piezas para hacerlo. Si algún elemento decorativo relucía, acaso fuera la manivela del cambio de marchas de tanto usarlo, porque hasta el volante y los asientos se los habían comido los ratones o la perra Lassie para hacerse un buen camastro cuando dormía dentro.

Yo disfrutaba con la tartana una barbaridad. Siempre que podía, me ponía al volante. En realidad, al único que le hacía caso para arrancar era a un servidor.

Meterse a estas horas, y según estaba el panorama de nieve, en la loma de las Rebollás era como meterse en una pista de patinaje de un circo, y más si luego había que salir atacao de leña por entre los rebollos de la umbría. Era rizar el rizo, pero con filigranas.

Lo que disfrutaba por la loma haciendo cabriolas. Siempre había una manera de salir. Unas veces de cara, otras de culo, algunas al travesao y de costao, y cuando se ponían las cosas feas y difíciles, mejor coger para abajo hasta encontrar el barranco del Espinar. Y es que, tratándose de una tartana sin nada que perder, hasta los rebollos le temían y se retiraban para que no los atropellara.

Aquel día no nos ganamos ni la comida. En tres viajes, casi se pone el sol, y ya nos entraban ganas de comer. Mi primo Cosme, más astuto, se dio cuenta de que la lumbre del desbroce de las támaras de la leña que estábamos cortando tenía ascuas más que suficientes para echar unos pellizcos de carne de las sobras de las varas de la matanza y, teniendo el botavino, el remedio estaba a la vista.

La leña era irremediable que la lleváramos para seguir con la lumbre y poder curar la matanza.

Los chorizos llevaban tal color que daban ganas de coger una vuelta y comérsela medio cruda. El tiempo acompañaba y no podía ir mejor de lo que iba. La cosa chutaba de maravilla, y era seguro que en diez días se podía hacer el frito.

Hay días en el invierno que se pasan como nada. Hay noches que se hacen eternas. Si hay algo bueno que tiene el invierno es que hay días que disfrutas haciendo el perro, o lo que es lo mismo, no hacer nada. Y lo mejor de todo es que nadie te pide explicaciones.

Hay días que no te apetece ni salir de la cama.

Hay días que se pone a nevar y no para.

Hay días que la ventisca no te deja ni mirar por la ventana.

Hay días que uno no saldría de casa.

Y es que… el frío que cascaba no engañaba. Eran las cinco de la tarde y helaba. La lumbre ni a tiros calentaba. Por las rendijas silbaba el viento a la desesperada, y la amenaza de nieve estaba más que garantizada. El cielo era tan feo que no hacía ninguna gracia.

—Me parece que se nos viene encima una buena.

—Pues que sea lo que Dios quiera.

—Mira que si nos jode la matanza.

—¡Quia!

El de la televisión dice que va a nevar por todo y que la gente esté preparada. Y, sobre todo, que no salga.

—Movernos de aquí, teniendo matanza…

—Ese tío no sabe lo que habla.

—Pero al menos dice lo que pasa.

Estaba cantado, o eso cantaban. Y así amaneció a la mañana siguiente. Estaba cantado.

Se hizo de día en el pueblo porque la luz artificial se mantenía, pero no porque el sol se enterara. Gracias a la blancura de la nieve, todo se veía claro y diáfano. La mañana se presumía tan fría que hasta los animales de las casas no se atrevían a salir.

—Mala señal; estos presumen que va a seguir nevando.

—Habiendo matanza…

—¿Y el pan?

—Va, va…

—¿Y la leche?

Mirábamos por la ventana, y la cosa se veía fea. Hasta la lumbre tiraba poco y mal, y el humo se resistía a salir por la chimenea.

—Mala señal el humo.

—El humo, la leña, el oraje, la nieve…

—¡Anda!, acércame un cigarro.

—Ya no queda ni tabaco. Te vas a chupar…

—Habiendo matanza…

—Ya, ya.

Tres días estuvimos sin pan.

Tres días sin magdalenas.

Cinco sin leche, sin azúcar y sin sal.

Cinco sin tomate ni cebollas.

Otros tres sin vino.

Una semana sin tabaco.

—Rectifico, lo de las cebollas no es correcto, porque nos sobraron al hacer las morcillas.

Del pescado, ya ni se sabe. De fresco, hace tres semanas que vino el camión; según está el tiempo, seguro que tardará, y de congelado, por el momento, todo lo que hay en el pueblo. El clima es el que es.

Y menos mal, a la matanza.

La televisión seguía insistiendo y asustando. Y, sobre todo, que mientras no pase el temporal, que la gente no se mueva de su casa y se queden bien quietecitos.

Y menos mal a las lumbres que calientan y ambientan las largas noches del invierno.

Luego, a fin de cuentas, la cosa no era como para tanto. Lo que pasa es que alguien se chivó al Gobierno Civil de que estos pueblos estaban incomunicados, y se corrió por todos lados. —Pues no había veces que nevaba mucho más y nadie se enteraba de nada.

Claro que lo de la incomunicación es muy relativo. Una cosa son las carreteras, y otra muy distinta que nos quedemos sin noticias y se vaya la luz cuando menos esperas.

Uno del pueblo, que ya estaba de escuchar a diario y reiteradamente que venía el temporal, no le dejó acabar y, con toda educación, lo mandó a la mierda.

—Lo que hace falta es que nieve.

Otro, que tenía las ovejas cerradas en la paidera…

—Vete tú. ¿Y quién le lleva el agua a la nave?

—¡Anda, llama!, a ver qué te dicen.

—Que dicen que, si es urgente y hace falta, que vienen los de Protección Civil.

—¿Y pa qué?

—Que te pongas al teléfono.

—Aquí Adobes, que necesitamos gente para amamantar los corderos.

Al final, con el cachondeo, no se solucionó nada.

A lo que llamaban incomunicación, primero le quitaron la "in", luego "comunica" y, por fin, le quitaron "acción". Total que, ante tanto desbarajuste, la nieve se fue retirando poco a poco, como siempre lo había hecho, de forma natural y sin tener que intervenir la autoridad. Cuando el aire se puso del sur y el sol le metió más madera a la caldera. Y que conste que, a las dos semanas, asomaron los de Protección Civil para hacer balance de los daños y a tomar los datos para estadística. Iban preparados hasta las orejas.

—¿Y ya pa qué?

El tiempo ya había entrado en razones. El pueblo se había quedado tranquilo, y de las Navidades ya nadie se acordaba. La temperatura y la humedad habían subido, y para curar la matanza no era lo más adecuado. Mejor hacer el frito cuanto antes, no vaya a ser que la carne empiece a ablandarse.

—¿Está todo a punto?

—Que yo sepa, sí.

—Pues de este fin de semana no pasa.

Las tinajillas, la rasera, las sartenes, los barreños, el aceite, los ajos, la caldera, etc., etc., estaba todo a punto. No había tiempo que perder.

Tras volver a vaciar las varas de chorizos, morcillas, gueñas y longanizas, y tras freír levemente con aceite bien hirviendo las viandas, se dejan reposar en los barreños para que se enfríen poco a poco y cojan la textura óptima para guardar en conserva de aceite.

Si yo te dijera que salieron seis tinajas de chorizos, cuatro de lomo, cuatro de costillas y tres más de morcillas, seguro que no te lo creerías. Pues sí, es verdad, y además hay que añadir las que se llenaron de cortezas, panceta, papada, oreja, morro y todo lo que te quieras imaginar.

Hecha la prueba o cata, puedo asegurar que, sin lugar a duda, estaba todo para chuparse los dedos.

A todo esto, una vez que la nieve ya había dejado calvas por las solanas, la montería que se había suspendido volvió a reconducirse, y el domingo estaba ya prevista de nuevo, una vez dado el correspondiente permiso por los organismos competentes.

Que a un servidor le gusta la caza, no cabe duda, pero en lo relativo a la caza mayor, eso es harina de otro costal. Hay que mamarla mucho para cogerle gusto, y yo aun ando buscando los pezones donde mamar.

De lo que sí me he dado cuenta es que la parafernalia de su puesta en escena llega casi al esperpento. Que si pantalón de cuero por aquí, que si chaleco de badana por allá, que si pin de oro en el sombrero, de plata en la solapa, que si polaina de borlas por abajo, gorra de pana por arriba, etc. Que si el modelito entona o desentona.

—Y podría contarte de la presencia de gente de la jet, como políticos, banqueros, realeza, etc. Pero que muchos "Etcs" de los que hay que guardar en el anonimato.

Supongo que meterse en ese ambiente es cuestión de mamarlo, vivirlo y merodear por esas clases sociales para poder hacerte al estatus al que pertenecen. Una cosa es clara: mejor ser pudiente o, por lo menos, disimular que lo puedes ser.

Aquí, en este mundillo, todos aspiran a ser cornúpetas, incluidas las mujeres, que las hay y muchas, por supuesto. Pues, anda que no fardan llevando los cuernos en sus sombreros; los hay hasta de veinte puntas.

Yo esto de las monterías o batidas no sé muy bien cómo funcionan. Sé que se celebran en otoño e invierno, cuando más frío y nieve hay en el pueblo. Tan pronto te dicen que hay montería, como que la batida se convierte en gancho. Total, que uno no se aclara. Que, según lo que toca, hoy es de ciervo, gamo y venado, y si es por otro lado, es de jabalí, cochino, zorra y no sé qué más.

Según ellos, los cazadores profesionales, lo que más valor tiene es el venado y, a poder ser, que tenga más de doce puntas y, como trofeo, que sea medalla de oro.

Las medallas se catalogan por categorías, teniendo en cuenta la envergadura, el grosor, la simetría y el número de puntas de su cuerna. Los hay de oro, plata, bronce y todos los demás.

Los cazadores se colocan los pines en los sitios más visibles de la indumentaria para poder fardar ante el resto de los cazadores de sus hazañas en las distintas monterías que han estado. Los hay que los llevan de mentirijillas, y algunos son de plástico con baño de oro del que cagó el moro y de plata de la que cagó la gata.

Los guarros, como llaman a los jabalíes, son de relleno, a no ser que salga alguno con los colmillos como los elefantes.

Como siempre ocurría, cuando llegaba una batida, se ponía el pueblo de coches hasta las cachas, a reventar. Empezaban a llegar a las ocho de la mañana, y cuando llegaban las diez, ya estaban hasta las eras del Cerro con el aforo completo. Era todo un espectáculo, y menos mal que en ambos lados de la plaza del Ayuntamiento se había prohibido la entrada poniendo escaleras y bolardos; de lo contrario, la revientan en cuatro días de monterías.

A esas horas, ya llevaban la Petra y la Pilar por lo menos tres horas levantadas con el preparativo de las migas y sus correspondientes tocinillos y chorizos para que almorzaran los privilegiados cazadores y cogieran suficientes fuerzas para abatir los deseados venados, gamos y jabalíes. Era tradición que así se hiciera y motivo para que todo el personal se reuniera para hacer el correspondiente sorteo de puestos y armadas, y socializar con el resto del personal, aunque sea a base de chupitos de alcohol y excesos de mentiras.

A esas horas, mi tío Aurelio ya había salido de casa dos veces. Andaba un poco nervioso con el motivo de la cacería. Siempre solía repetir la misma operación.

Llegaba a la puerta, empujaba un poco y…

—¿Quién hay?

Daba igual que hubiera gente o no. Estaba un poco sordo. Como ya lo conocíamos de sobras, siempre tenía en la mesa puesta una bandeja de cacahuetes y un porrón de vino.

Él entraba, se servía un puñado de cacahuetes y se echaba un jetazo de vino que dejaba el porrón temblando. Tras darse una vuelta a la estufa, volvía a coger otro puñado para el bolsillo y un nuevo trago de vino, y adiós muy buenas.

Rato después, cuando se daba una vuelta por la plaza para ver cómo iba el movimiento de los cazadores, ya iba más contento que el tío Pepe. No necesitaba calentar motores; por mucho frío que hiciera, ya llevaba el anticongelante puesto.

Mi tío Aurelio era el padre de Cosme y hermano de mi padre, Vicente. Siempre que se enteraba de que había alguna montería en el pueblo, él se presentaba. Según él, era entendido en la materia y, en especial, en el tema de ojeos y sus derivados. De hecho, conocía el término de Adobes de memoria y asesoraba a los perreros que llevaban las rehalas para que cazaran todo sin dejarse un solo vallejo sin mirar.

Muchos días, en aquellos en que la cacería no era del todo de su agrado, se cabreaba al no haberle hecho caso a sus recomendaciones. Luego se le pasaba con dos vasos de vino.

El caso es que tan pronto se enfadaba, se iba y se hacía vecino de Molina de Aragón, como subía al pueblo y se empadronaba de nuevo. Yo creo que siempre estaba apuntando en el lugar contrario a donde residía.

Sigo pensando que la gente, con el paso de los años, se vuelve un tanto rara. A todos les pasa igual, aunque me temo que a veces no es proporcional a la edad, pues hay gente que, teniendo los mismos años, no chochea de la misma manera. Un servidor, por ejemplo, puede estar a la vez de acuerdo y en desacuerdo, o viceversa. Lo que quiere decir que el otro está en versa o viceversa. En total, al final, todos majaretas.

—¿Entendido?

—Ni papa.

—Pues sigo…

La mayoría de los cazadores, cuando se juntaban en el bar a tomar café, terminaban tomando copas y diciendo tonterías y mentiras. Algunas tan gordas que no se las creían ni ellos mismos. Puede ser que ya no estuvieran muy cuerdos.

Los que salían más perjudicados eran los que permanecían más rato en el bar, pues salían un par de horas más tarde, cuando el resto del personal ya estaba ubicado en su sitio. Los encargados de las rehalas seguían levantando el codo en la barra del bar.

Las normas, en esto de la caza mayor, son estrictas e inflexibles. No se pueden mover del puesto en ningún caso, pase lo que pase y haga el frío que haga. Una bala perdida puede ir a parar al sitio más inesperado.

Yo no es que haya estado en muchas monterías, pero casi siempre me ha tocado lo mismo: aguantar frío y nieve a cuenta de nada. Si al menos una vez que te escoces el mal tiempo, que tengas la suerte de ver algún animal y, por lo menos, que, teniéndolo a tiro, no lo asustes ni le hagas cosquillas.

Solo en dos ocasiones he tenido el privilegio de poder disparar y, además, el cargador entero: cero al cociente y bajo la cifra siguiente. En una de ellas, por poco no me atropellan una piara de cochinos, y los tiros fueron tan a discreción que salió cada uno por donde le pareció. Cero al cociente. En la otra, un venado se me puso de rodillas al segundo tiro, tras pedirme perdón por no caer, se dio media vuelta y se largó. Cero al cociente y paso a la cifra siguiente.

Yo creo que un servidor, los que llevamos escopetas de cazar pájaros y animales de poca chicha, hacemos el payaso y el ridículo cuando salimos a las monterías de caza mayor, no solo porque vamos en inferioridad de condiciones, sino porque se nos ve el plumero, y eso aún jode más cuando ves cómo abaten la caza con sus fusiles kalasnicov.

Si he de decir verdad, ahora mismo, a mí no me gustaría matar un venado de veinte puntas, ni sacarme la foto, ni disecar su cabeza y ponerla en la chimenea de casa. En su día, pensé comprarme un rifle de esos que llegan las balas desde la puerta de casa hasta el Sestero.

He de reconocer que, en tiempos anteriores, sí que lo hubiera hecho. Disfrutaba oyendo los tiros por el monte y hasta del ambiente que se respiraba al regreso en plena comida.

Pero, aparcando las dudas de sí o no, lo que es evidente y real es que, para el pueblo, era una inyección de vida, que solo saben los que viven a diario en pleno invierno.

Uno podría llegar a decir que, sin los ingresos que se reciben de la subasta del coto de caza mayor, Adobes tendría que plantearse el poder seguir siendo Ayuntamiento propio, como sigue siendo, o pasar a ser una pedanía de alguno de los vecinos más próximos.

Como uno no quiere pensar en lo peor, se da por satisfecho de que, en la montería, hayan abatido más de veinte ciervos y varios jabalíes. Y, por lo que contaban por el bar, aún podían haber sido muchos más.

No cabe duda de que, de unos años acá, se están multiplicando el número de animales de caza mayor que se ve por el término del pueblo. Un servidor, aunque no sea mucho de fiar, te puede asegurar que es cierto y verdad, y que los ha visto con sus propios ojos, por diferentes parajes y en diversas épocas del año.

Yo, de chaval, nunca hubiera pensado que por nuestras tierras se cazaran ciervos o corzos, y mucho menos gamos o jabalíes, a no ser en la prehistoria con nuestros tíos los neardentalis modernis. Está claro que, con la creación de la Reserva Nacional de los Montes Universales a escasos kilómetros del nuestro, ha favorecido la introducción en nuestros pinares.

Hoy, todo tiene su explicación. Ya no se caza como se cazaba. Antes era por necesidad y supervivencia; ahora, por gusto. Hoy se respetan las normas por obligación; apenas hay días hábiles para la caza deportiva, y priman los trofeos de grandes animales. En realidad, se ha convertido en una caza intensiva donde prima la tranquilidad y el cebado de los animales para que tengan querencia al lugar y puedan sobrevivir en paz y con comodidad.

Y todo para terminar abatidos en una fiesta de recreo.

Por escoger, yo escogería a la Cuca y me iría a dar una vuelta, como siempre se hacía cuando se cazaba para comer en casa. Que el andar es bueno para ensanchar los pulmones y sano y terapéutico para el corazón.

El tiempo pasa volando.

Bueno, en el invierno, en el pueblo, a veces va despacito, sin enterarse de que luego viene la primavera. Cuando quieres darte cuenta, ya no queda nadie en el pueblo, y ni mirando el calendario se encuentra justificación para seguir aquí.

Volando se me habían ido las vacaciones, y tenía que salir pitando para reintegrarme en el trabajo, con el único consuelo de llevar el maletero del coche lleno de chorizos.

Por consuelo… volver enseguida.

En cuanto pude, volví. Había que seguir vigilando cómo estaba el resto del frito que había quedado en las tinajillas. Era un compromiso pactado con mi primo Cosme y conmigo mismo.

El pueblo seguía medio vacío, como siempre. A uno tampoco le pilla de improviso, pues, a fin de cuentas, era lo que buscaba.

Coincidiendo con el último día de caza menor, uno apura todo lo que puede para salir al campo, dar una vuelta con la Cuca y, si sale alguna liebre a tiro, mejor que mejor.

El fin de semana pasa tan rápido que no da tiempo de nada. Acaso a despedirse.

La Cuca se acerca y se halaga.

Uno se pone a recordar…

La Cuca apoya su morro en mi nalga y se desmaya.

Bueno, de lo que me quiere.

Hasta pronto.


Seguro que sí, ya lo verás.